EL
PROFETA
DE LA
MECEDORA

MATTHEW KELLY

BLUE
sparrow

EL PROFETA DE LA MECEDORA

Copyright © 2023 Kakadu, LLC
Publicado por Blue Sparrow
Un sello de Viident

ISBN: 978-1-63582-283-0 (tapa blanda)
ISBN: 978-1-63582-521-3 (eBook)

Diseño de
Ashley Dias y Matthew Kelly

Para más información, visite
TheRockingChairProphet.com

10 9 8 7 6 5 4 3 2 1

PRIMERA EDICIÓN

Impreso en los Estados Unidos de América

ÍNDICE DE CONTENIDOS

«He aquí,
hago algo nuevo,
ahora acontece».

Isaías 43:19

1. HABITACIONES VACÍAS

Uno nunca sabe realmente quién es hasta que ha sufrido. Sufrido de verdad. Pero una vez que lo sabes, nunca puedes olvidarlo, y a partir de ese momento las cosas en las que nunca habías pensado se vuelven posibles.

Daniel nunca había sufrido. En realidad, no. Como todos nosotros, había tenido su dosis de tristezas y decepciones. Pero nunca había experimentado el crisol del sufrimiento que despoja de todo lo superfluo y redefine lo que hace que valga la pena vivir.

Uno creía conocer a Daniel desde el momento en que lo veía. A todos les recordaba a alguien de su pasado. Era una de esas personas que hacen que todo parezca fácil. Superdotado, apuesto sin esfuerzo y con el mundo entero a sus pies, Daniel era seguro de sí mismo, pero nunca arrogante. Y en el instante en que creías conocerlo te sorprendía con una amabilidad poco común. Esto era inesperado porque la gente esperaba que fuera ensimismado.

Era viernes por la tarde. El parqueador lanzó al aire las llaves de Daniel, que las agarró con facilidad. Se acomodó en su Maserati, giró la llave de contacto y el auto rugió.

A Daniel le encantaban los autos. Parecía que a todo el mundo en Wall Street le gustaban. Trabajaba en un sector conocido por su insaciable apetito por los autos, los relojes, las mujeres y las casas. Pero esta era otra forma en que Daniel desafiaba los estereotipos. Tenía un auto, un reloj, una mujer y una casa.

Si Daniel tenía un defecto, era seguir la corriente. Así fue como terminó en Wall Street. Todas las vidas de los hombres tienen ambigüedades e inconsistencias. Esta era la suya. Era la única parte de su vida que no parecía tener sentido.

El camino a casa no le molestó. El tráfico de fin de semana era una locura, con todo el mundo intentando escapar de la ciudad. Pero apreciaba esos días en los que iba y venía del trabajo, y poco a poco, a medida que se dirigía a casa, el tráfico pesado desaparecía.

Daniel disfrutaba conduciendo. Le daba tiempo para descomprimirse. Le daba tiempo para llamar a sus padres. También le daba tiempo para escuchar música, y pocas personas apreciaban la música más que Daniel.

Era verano y estaba deseando pasar el fin de semana con sus hijas. Tenía una mujer maravillosa, Jessica, y dos hijas: Julia, de nueve años, y Jordan, de siete. Ellas le recordaban a Daniel todo lo bueno que podía ofrecerle la vida. Y a menudo le hacían notar que trabajaba demasiado y se perdía la oportunidad de ir de excursión a las montañas, recoger fresas silvestres y contemplar esos atardeceres que cambiaban el alma.

—Solo hay 365 atardeceres al año, papá —decía Julia—. Sí, y yo me iré a la universidad en unos cinco minutos —bromeaba Jordan.

Daniel era un tipo práctico con un maravilloso sentido del humor, así que sonreía y decía:

—Lo sé. Y estoy trabajando duro para asegurarme de que no tengas ninguno de esos desagradables préstamos estudiantiles que arruinan la vida de tanta gente.

Mientras conducía a casa esa noche, también se dirigía a su cumpleaños número treinta y tres. No era hasta el día siguiente, pero sabía que los festejos empezarían tan pronto cruzara la puerta.

Nunca había sido de los que se dejaban llevar por los cumpleaños, pero treinta y tres le hacía pensar que se acercaba sigilosamente a lo que sus amigos llamaban «el medio tiempo». Y eso lo había puesto de un humor más reflexivo de lo habitual este año, a medida que se acercaba su cumpleaños.

Al entrar a la calzada, un repentino escalofrío lo recorrió. Sintió que algo no estaba bien, pero apartó ese pensamiento. Aún no se había puesto el sol, pero la casa parecía oscura e inmóvil. Parecía inquietantemente silenciosa, y Daniel se preguntó cómo una casa podría parecer silenciosa.

Una fiesta sorpresa, pensó y sonrió.

Subió de dos en dos los escalones que conducían a la puerta principal y giró el pomo. Estaba cerrada. *Qué raro*, pensó. Mientras buscaba las llaves, no recordó la última vez que la puerta había estado cerrada al llegar a casa. Pero apartó ese pensamiento también, sospechando que era una táctica para permitir que todo el mundo estuviera listo para darle una sorpresa.

Al entrar por la puerta principal, se detuvo para dar a todos la oportunidad de saltar y gritar: «¡Sorpresa!». Pero no lo hicieron. La casa estaba vacía.

Llevaba la chaqueta de su traje sobre el reloj de la muñeca izquierda, justo encima del maletín. Era un bolso azul marino de cuero blando que su mujer le había regalado las pasadas Navidades.

Daniel buscó el interruptor de la luz con la mano derecha mientras gritaba:

—Estoy en casa.

Pero no hubo respuesta.

—¡Jessica! ¿Julia? ¿Jordan? —gritó, pero seguía sin haber respuesta. Empezó a preguntarse qué se le habría olvidado. ¿Un juego escolar? No, estábamos en pleno verano. ¿El deporte? No, era esa breve época del año en la que las chicas no hacían deporte.

El pánico de que tal vez había olvidado algo se calmó rápidamente al recordar lo último que su mujer le había dicho por teléfono ese mismo día:

—Una semana entera sin nada. Sin planes, sin compromisos, sin nada que hacer salvo celebrar al hombre que amamos.

—¿Dónde estarán? —se preguntó.

A Daniel no le gustaba preguntárselo, así que tomó el teléfono y llamó a Jessica. No sonó. Saltó al buzón de voz. *Qué raro*, pensó, y volvió a marcar. Pero ocurrió lo mismo.

Sacó una botella de Coca-Cola helada del refrigerador, encendió algunas luces y salió al porche para esperar a que sus hijas llegaran a casa.

Era un atardecer magnífico. Los colores del cielo eran cautivadores. Daniel podía oír a los niños jugar a la pelota, los ladridos ocasionales de un perro y la alegre conversación de los vecinos un par de puertas más abajo. Sentado en el último escalón, seguía preguntándose dónde estarían sus hijas. Quizá habían ido a comprarle un regalo de última hora a la ciudad.

En ese momento, la señora Turnbull pasó con sus tres perros corgis. A Daniel siempre le hacían pensar en la reina de Inglaterra. Se saludaron, pero ella no se detuvo. Siguió avanzando hacia el parque al final de la calle.

El sol empezaba a ponerse. En cuarenta y cinco minutos anochecería y Daniel empezaba a preocuparse. Volvió a mirar el reloj. Llevaba casi una hora sentado en la escalera. Le parecieron cuatro.

Mientras los últimos momentos del crepúsculo se prolongaban, despidiendo el día, Daniel oyó un auto que bajaba por la calle. *Ya era hora*, pensó y se dijo a sí mismo que no entraría en discusiones sobre por qué su mujer había apagado el teléfono.

Ese pensamiento se desvaneció cuando vio con incredulidad que una patrulla de la policía paraba en su casa. Dos agentes bajaron del auto y empezaron a caminar hacia él. Daniel se quedó helado. Su corazón se paralizó. No podía respirar. Quería vomitar. Las lágrimas empezaron a resbalar por su cara.

Lo sabía. De alguna manera inexplicable, lo había sentido en el momento en que se detuvo en su camino de entrada.

—Daniel, soy el jefe Rigger, y creo que conoces al sargento Thompson.

Daniel podía ver cómo se movían los labios del oficial, pero no oía nada de lo que decía. Le zumbaban los oídos y se sentía entumecido.

—¿Te importa si entramos? —continuó Rigger. Pero Daniel no podía moverse. Era como si estuviera hecho de piedra—. ¿Daniel?

Daniel intentó hablar, pero no le salían las palabras. El sargento Thompson lo tomó del brazo, lo ayudó a levantarse, lo acompañó hasta el salón y lo acomodó en el gran sillón donde a Daniel le gustaba sentarse a ver fútbol.

—Daniel, por tu reacción sé que sabes que ha ocurrido algo horrible.

Daniel lo atravesó con su mirada.

—Lamentamos informarte que su esposa Jessica y tus dos hijas, Julia y Jordan, murieron en un accidente automovilístico esta tarde.

Las lágrimas que se habían detenido comenzaron a rodar de nuevo por las mejillas de Daniel. *Esto no puede estar sucediendo. Tiene que haber algún tipo de error*, pensó.

—¿Están seguros de que eran ellas? —preguntó desesperado.

—Estamos seguros. Lo siento, Daniel —dijo el jefe de policía con una empatía practicada, pero sincera.

—¿Qué pasó? —balbuceó Daniel.

—Parece que cinco o seis venados salieron delante de un camión. El camión golpeó a los venados, lanzándolos al otro lado de la carretera. Tu mujer conducía en dirección contraria y chocó contra un venado, haciendo que su vehículo se descontrolara. Luego cruzó el separador y fue golpeado por otro camión.

—¿Dónde?

—En la ruta 12, casi a una milla de la tienda agrícola Johnson's —dijo el sargento Thompson.

—¿Y el camionero? —murmuró Daniel.

—Está hospitalizado. No tiene lesiones físicas, pero está literalmente fuera de sí por la angustia. Tuvo que ser sedado en el lugar de los hechos, y lo mantendrán sedado durante al menos veinticuatro horas.

—¿No fue culpa suya? —preguntó Daniel.

El jefe de policía volvió a hablar, eligiendo cuidadosamente sus palabras:

—No. No fue culpa suya. No fue culpa de nadie. Nuestra analista lleva horas en el lugar y llegó a la conclusión de que fue un terrible accidente.

—Me pregunto qué hacían esta tarde allá —dijo Daniel en voz alta.

—Parece que habían comprado un montón de duraznos en la tienda agrícola Johnson's —dijo el oficial.

—Ah... Jessica probablemente iba a hacer mi pastel de durazno. Su pastel de durazno no es de este mundo —murmuró Daniel. Y luego, levantando los ojos hacia un lugar lejano, dijo—: Mi pastel de durazno mató a mis hijas preciosas.

—Ten cuidado, Daniel —dijo el sargento Thompson—. Ese es un camino peligroso para empezar.

—Tienes razón. Sí, tienes razón. Yo solo... —dijo Daniel inconscientemente.

Daniel se secó las lágrimas y se levantó. Agradeció a los agentes por venir y los acompañó hasta la puerta, como si estuviera terminando una reunión rutinaria en su oficina. Era un acto reflejo provocado por la conmoción y las primeras fases del duelo.

2. UNA NOCHE DE INSOMNIO

Daniel no durmió esa noche.

Tan pronto cerró la puerta principal, se dirigió al refrigerador, sacó una botella de vodka sin abrir, buscó en el armario de la cocina el vaso más grande que encontró y lo llenó con el líquido frío y transparente. Cuando terminó, se sirvió otro, y luego otro. Cuando la botella estuvo vacía, empezó con el ron.

Daniel vagaba sin rumbo por la casa, de una habitación a otra. El aire estaba cargado de recuerdos. Recordaba haberse despedido de ellas esa misma mañana. Intentó grabar en su mente aquellos últimos abrazos, aquel último beso, aquellos últimos momentos. Daniel estaba abrumado por el miedo a olvidarlos. Esos últimos abrazos le recordaron que, cuando abrazaba a sus hijas, el dulce aroma de sus cabellos flotaba en el aire.

Ahora, fue tropezando hacia su dormitorio, tomó la almohada del lado de la cama de su mujer y hundió la cara en ella. Allí estaba, el olor de su rostro, el olor de su pelo. Mientras lloraba en la almohada de Jessica, quiso aferrarse a ese olor para siempre.

Daniel permaneció sentado con la almohada durante mucho tiempo.

Cuando por fin se levantó, fue a la habitación de Julia, tomó su almohada e hizo lo mismo. *Nunca irá a la universidad*, pensó. *Nunca verá el mundo. Nunca podrá desarrollar su talento ni perseguir sus sueños. Nunca la llevaré al altar. Nunca tendrá hijos. Nunca conoceré a mis nietos.*

Al cabo de unos veinte minutos, entró a la habitación de Jordan e hizo lo mismo.

—Mi niña, mi pobre niña —lloró contra la almohada, oliendo el aroma de su pelo y de su suave piel.

Su dolor era paralizante. Vagó por la casa durante horas, tropezando con recuerdos y sueños rotos. Al final se vio interrumpido por unos golpes en la puerta. No sabía qué hora era. Daniel se dirigió hacia la puerta principal. Eran los padres de Jessica, Mitch y Amanda Ferguson.

—Siento tocar tan fuerte, hijo —se disculpó Mitch—. Llevamos unos diez minutos tocando el timbre.

Daniel entrecerró los ojos y miró a sus suegros. Había salido el sol.

—¿Qué hora es? —preguntó Daniel, arrastrando las palabras y buscando algo que decir.

—Las ocho, hijo —respondió Mitch con suavidad—. ¿Podemos entrar?

—Claro, sí... lo siento —dijo Daniel mientras se hacía a un lado, al ver que estaba bloqueando la entrada.

—¿Cómo hicieron para llegar tan rápido? —continuó, muy borracho y sin saber qué decir.

—Condujimos toda la noche —habló ahora Amanda—. Intentamos llamarte, pero no hubo respuesta.

Daniel buscó su teléfono y, al verlo en el mostrador de la cocina, se tambaleó hacia él. —Setenta y cuatro llamadas perdidas —dijo, de nuevo hablando consigo mismo.

Mitch, Amanda y Daniel estaban de pie en medio del salón. Se miraron unos a otros antes de desviar la mirada hacia el piso. Eran tres personas que necesitaban desesperadamente consuelo, el cual escaseaba. Eran tres personas hambrientas que esperaban que los demás tuvieran un mendrugo de pan.

—¿Has estado bebiendo? —preguntó Mitch.

—Sí —respondió Daniel—. ¿Quieres uno?

—Sí, creo que sí. ¿Puedo servirme?. —Daniel le hizo un gesto en dirección al licor.

—¿Dormiste? —preguntó Amanda. Daniel la miró de un modo que dejaba claro que no.

—¿Te gustaría dormir un par de horas? —insistió ella, pero él no contestó.

Amanda entró al baño y tanto Mitch como Daniel pudieron oír que hablaba por teléfono, pero no lo que decía.

Quince minutos después, el timbre volvió a sonar. Daniel, aturdido, no se movió, así que Amanda se levantó y abrió la puerta. Era Javier, el mejor amigo de Daniel desde la infancia.

Javier se sentó junto a Daniel.

—No voy a preguntarte cómo estás ni a fingir que no es una situación brutal. Estoy aquí por dos razones. Primero, porque soy tu amigo. Segundo, para ayudarte a dormir un poco, porque como médico, sé que dormir es lo que necesitas en este momento.

—No quiero dormir —dijo Daniel con firmeza.

—Lo sé, amigo, pero tampoco sabes lo que quieres hacer, ni lo que deberías hacer, ni ninguna otra cosa en este momento. Puede que sea la primera vez en toda tu vida que no lo sepas —explicó Javier con calma.

Daniel no sonrió. Javier no esperaba que lo hiciera, pero se dio cuenta de que su argumento había calado, a pesar de la enorme cantidad de alcohol que Daniel había ingerido.

—Traje algo para ayudarte a dormir. Así que esto puede acabar de dos maneras. Puedo luchar contra ti en el piso como en la escuela secundaria, o puedes caminar por el pasillo, quitarte ese traje, acostarte y dejar que te ponga la inyección para que duermas profundamente.

Daniel no habló. No se movió. No miró a Javier. Su mirada se perdió en el vacío. Javier se sentó pacientemente, dejando que el momento se desarrollara, esperando la respuesta de su amigo.

Dos minutos después, Daniel se levantó y salió al pasillo. Javier lo siguió.

—Que nadie entre a ninguna de las habitaciones —rugió Daniel—. ¡Nadie!

Diez minutos después estaba profundamente dormido en la habitación de invitados.

3. UNA CASA ABARROTADA

Daniel se despertó doce horas después. Soñaba que estaba tendido en la acera sobre un charco de lluvia. Javier seguía sentado en el mismo lugar donde había estado cuando Daniel se durmió.

—¿Qué hora es?

—Alrededor de las nueve —contestó Javier.

—Parece que hay cien personas en casa —dijo Daniel.

—Sí. Tus padres regresaron de su viaje a California y hay mucha gente que quiere estar aquí por ti. Empezaron a aparecer sobre las diez de la mañana.

La sensación de humedad con la que Daniel había soñado resultó no ser un sueño. —¿Mojé la cama? —le preguntó a Javier.

—Sí, estoy bastante seguro de que sí. Todo ese alcohol tenía que ir a alguna parte —reflexionó Javier—. ¿Quieres que les pida a todos que se vayan?

—No, está bien así.

—Te puse ropa limpia en el baño.

Daniel se levantó de la cama aturdido y atontado, entró al baño y abrió la ducha. Javier fue al salón y les dijo a los padres de Daniel que ya se había despertado y que pronto saldría.

Veinte minutos después, los padres de Daniel salieron al pasillo. Se encontraron con su hijo destrozado cuando salía del baño y ambos lo abrazaron al mismo tiempo. Se fundió en el amor de sus abrazos y los tres lloraron. Ni Daniel ni sus padres dijeron nada. Todos sabían que las palabras eran lamentablemente inadecuadas en medio de una tragedia tan desgarradora.

Tras el abrazo más largo de su vida, Daniel se dirigió al salón, donde fue recibido por una multitud de familiares y amigos que desbordaba el patio delantero y el trasero. No se mezcló entre la multitud. Empezaron a acercarse a él en cuanto lo vieron.

Se dijeron pocas palabras. Las que se dijeron, Daniel no las oyó. Se había sumido en el aturdimiento traumatizado en el que Javier lo había encontrado aquella mañana. Y había un zumbido en su cabeza. La gente lo abrazaba, le daba la mano y le ofrecía ayuda, pero él sabía que nadie podía ayudarle ahora. *Todavía no. Quizá dentro de unas semanas, o meses... aunque quizá nunca*, pensó para sí.

Era casi medianoche cuando todos se fueron.

—Me gustaría que nos dejaras quedarnos aquí contigo —dijo su madre—. Pero respetaremos tu deseo de estar solo. —Ella deseaba desesperadamente quedarse con su hijo, pero él había dejado claro que quería estar solo. Conteniendo las lágrimas, continuó—: Nos alojaremos en el hotel. Si necesitas algo, podemos estar aquí en cinco minutos. Llama a cualquier hora. Dejé el número de teléfono y el de nuestra habitación en el refrigerador.

Daniel se dio vuelta instintivamente para mirar la nevera. Estaba llena de fotos. Su mujer y sus hijas le sonreían. Sintió como si alguien le hubiera apuñalado en el corazón. Mareado, se arrodilló y empezó a llorar de nuevo. Su madre se dio cuenta inmediatamente de su error. Se tiró al piso, envolvió a Daniel en sus brazos y lo abrazó con fuerza.

Cuando sus padres se marcharon, Javier dijo:

—Me gustaría darte algo para que vuelvas a dormir.

Daniel ya no tenía fuerzas para luchar. Volvió a la habitación de invitados, se desvistió y se metió en la cama. Estaba herido en lo más hondo, roto en mil pedazos.

¡Feliz cumpleaños!, se dijo Daniel sarcásticamente al sentir el efecto del sedante.

4. EL FUNERAL

Los días siguientes fueron difusos. Antes de darse cuenta, Daniel estaba sentado en el primer banco de la iglesia mirando tres ataúdes blancos. *Mis niñas, mis niñas, mis preciosas niñas...* era lo único que pensaba.

El pastor estaba hablando, pero Daniel no podía oír. No quería oír. No le interesaban las palabras.

Levantándose en medio de las palabras del pastor, Daniel comenzó a caminar alrededor de los ataúdes, rodeándolos en silencio. Cuando llegó a la cabecera del de su esposa, se detuvo, mirando a un lado y a otro entre este y los dos ataúdes más pequeños situados a ambos lados.

El pastor dejó de hablar.

Ahora, por primera vez en casi una semana, Daniel habló. Era como si no hubiera nadie más allí, solo Daniel y los tres ataúdes en una iglesia grande, vieja y vacía.

Tras colocar la mano derecha sobre el ataúd de su esposa, murmuró:

—Mi maravillosa esposa, qué bendición fuiste para mí. Gracias por amarme, Jessica, incluso cuando no te merecía. Eras mejor persona que yo. Te extraño, mi amor. —Luego, inclinándose, besó su ataúd. Estaba cerrado, pero era claro que le estaba besando la frente.

Luego giró a su derecha y se detuvo frente al ataúd de Julia. El silencio en la iglesia era desgarrador. Daniel puso su mano derecha sobre el ataúd de su hija mayor y dijo:

—Mi querida niña, una vida truncada es algo brutal. Un padre nunca debería tener que enterrar a su hija, pero aquí estoy. Gracias por la inconmensurable alegría que me diste. Te quiero ahora, te quise entonces y te querré siempre. —Luego se inclinó y besó el ataúd.

La iglesia ya no estaba en silencio. La gente lloraba lo más suavemente posible. Daniel no se daba cuenta de la presencia de nadie más que de sus hijas.

De pie frente al tercer ataúd, colocó su mano derecha sobre él. Permaneció en silencio durante un momento incómodo y luego empezó a llorar. Cuando habló, su voz vaciló.

—Mi niña, ¿cómo podré vivir sin ti? Gracias, Jordan. Me recordaste lo que más importa. Ojalá te hubiera escuchado más, pero fui un tonto. Pensé que tenía más tiempo. Recuerdo cómo solías abrazarme como si nunca me fueras a dejar ir. Me rodeabas el cuello con tanta fuerza que apenas podía respirar. Daría cualquier cosa por un abrazo más.

—Ahora soy yo quien debe soltarte, y temo no ser lo bastante hombre para la tarea. Te quiero. Te quiero ahora, te quise entonces y te querré siempre. —Inclinándose, besó el ataúd, se dio vuelta, caminó en línea recta por el pasillo central y salió por las puertas de la iglesia.

Segundos después, su padre lo siguió.

El pastor terminó la misa y los feligreses se dirigieron al cementerio. Cuando llegaron, Daniel estaba sentado junto a la tumba en una de las sillas reservadas para la familia.

Bajaron los ataúdes, rezaron y Daniel volvió a desaparecer.

Nadie lo vio ni supo de él durante tres semanas. Todos los intentos de ponerse en contacto con él fueron ignorados.

Al cabo de tres semanas, sus padres se plantaron en la puerta de su casa como habían hecho todos los días desde que llegaron a la ciudad. Tocaron la puerta fuerte y largamente. Sabían que Daniel no abriría la puerta. Conocían a su hijo. Después de tocar lo suficiente para llamar la atención de Daniel, su padre levantó la voz y dijo:

—Hijo, sé que estás ahí. No sé qué decir ni qué hacer. No sé cómo llegar a ti. El sufrimiento tiene sus propios horarios y agendas. Te daremos el tiempo y el espacio que pediste, pero estaremos pensando en ti todos los días.

El padre de Daniel hizo una pausa para recuperar el aliento. Se sentía viejo y cansado.

—Tu madre y yo nos iremos hoy a casa, pero estamos apenas a dos horas y podemos volver cuando queramos. Solo tienes que llamar.

Su intuición paternal presintió a su hijo al otro lado de la puerta. Bajando un poco la voz, le dijo:

—Ten la bondad de hacerme un favor, hijo. Nunca olvides que te quiero ahora, te quise entonces y te querré siempre.

Era algo que le había dicho a Daniel desde que era pequeño, y ahora podía oír los sollozos de Daniel al otro lado de la puerta. Pero, aun así, la puerta no se abrió.

5. CUANDO NADA TIENE SENTIDO

Pasaron las semanas, pero Daniel no aparecía por ninguna parte. La casa estaba quieta y silenciosa, todas las persianas y cortinas bien cerradas. No salía de casa, ni salía a la puerta, ni contestaba el teléfono. Todos los que lo conocían estaban preocupados por él.

Casi todos los días pasaba alguien por su casa, pero Daniel no abría la puerta.

—¿Qué estará comiendo? Hace dos meses que no se le ve entrar ni salir de casa —se oyó decir a alguien en el mercado local. Lo que no sabían era que, todos los lunes a medianoche, Charlie dejaba comida y otras provisiones para una semana en el porche de Daniel.

Charlie había sido el mejor amigo de su padre desde la infancia. Cuando era niño, Daniel solía sentarse en una de las viejas mecedoras mientras su padre y Charlie le hacían la visita. Más tarde, cuando ya era un adolescente, Daniel iba a visitar a Charlie de camino a casa desde la escuela.

Un miércoles por la tarde, mientras la mayoría de la gente estaba trabajando y el resto de la ciudad seguía con su vida, la puerta de Daniel se abrió.

Al salir, después de más de dos meses de aislamiento, caminó tres manzanas hasta la casa de Charlie, donde, como siempre, Charlie estaba sentado leyendo en su vieja mecedora de cedro desgastada por el tiempo. Charlie leía todo el tiempo. Al levantar la vista, vio a Daniel que entraba por la puerta principal y metió el libro entre el costado de la pierna y el brazo de la mecedora.

Daniel llevaba una mochila, pero Charlie no lo mencionó. De hecho, Charlie no dijo nada en absoluto. Ni siquiera saludó. Tampoco Daniel.

Dejó la mochila contra la barandilla blanca del porche y se sentó en la otra mecedora junto a Charlie, pero siguió sin intercambiar una sola palabra. Los dos hombres permanecieron sentados en silencio durante un rato, meciéndose de un lado a otro en sus sillas. El suave balanceo de las sillas era el único sonido en el aire en medio de aquel miércoles después del mediodía. Al cabo de unos cuarenta y cinco minutos, Daniel dijo:

—Gracias.

Charlie asintió y contestó:

—De nada.

Pasaron otros treinta minutos en silencio. El único sonido era el crujido de sus mecedoras. Esta vez Charlie rompió el silencio. Su voz era un barítono profundo y cálido, tranquilizador y autoritario.

—¿Te vas de viaje? —preguntó.

—Sí.

—¿Adónde?

Daniel no contestó. Se limitó a señalar hacia las montañas por encima de la ciudad. Sabía que Charlie ya estaba al tanto.

—¿Por qué?

—Busco algo.

—¿Qué?

—Respuestas —respondió Daniel. Luego hizo una pausa y continuó—: Charlie, sé que eres la persona más sabia de la ciudad...

Charlie levantó la mano para interrumpir. Fue la interrupción más cortés que Daniel había experimentado nunca, y se dio cuenta de que en todos los años que llevaba sentado en esas mecedoras, era la primera vez que Charlie lo interrumpía.

—Si eso es cierto, es solo porque tu padre ya no vive aquí. Sin duda es el hombre más sabio que he conocido —dijo Charlie.

Daniel continuó:

—Charlie, sé que has encontrado todas tus respuestas en esta mecedora a lo largo de los años, pero no creo que eso funcione conmigo. Mis respuestas no están aquí.

—No recibirás ningún juicio o desacuerdo de mi parte, chico.

—¿Chico?

—Sí. Sigues siendo un niño. Aún no te han pitado el descanso. La vida te ha puesto una prueba muy dura, una prueba brutal, en realidad. Pero, chico, tienes que reconocer que, hasta hace poco, la vida te estaba dando un montón de ases: momentos mágicos, oportunidades, experiencias y gente increíble. Así que ahora tienes que decidir.

—¿Decidir qué? —preguntó Daniel por acto reflejo.

—Seguir intentando adormecer el dolor, o adentrarte en él y dejar que te transforme. Podrías beber hasta morir. Podrías acabar con tu vida. Sé que lo has pensado. No tienes por qué avergonzarte. Después de todo por lo que has pasado, no sería extraño. O podrías volver a trabajar, perderte en ese mundo y sumergirte en el libertinaje de la gran ciudad. Por supuesto, ya sabes que nada de eso te satisfará.

—Del sufrimiento nace la sabiduría o la necedad. Has sufrido horriblemente, y ahora estás en una encrucijada. Pero supongo que la mochila me dice que has decidido algo.

—¿Qué significa adentrarme en mi dolor?

—Bueno, eso es diferente para cada uno. Ya sabes que aquí en el porche de Charlie no hay respuestas estereotipadas. Y sé que tu padre te lo enseñó porque también me lo enseñó a mí. Tienes que encontrar tus propias respuestas.

—¿Cuáles respuestas?

—Bueno, te pregunté qué buscabas y dijiste «respuestas». Pero mi suposición es que aún no has conocido al verdadero Daniel, la expresión más plena de ti mismo.

—¿Qué?

—No me malinterpretes. Probablemente tenías cinco años cuando te sentaste por primera vez en esa mecedora. Una hora después, supe que eras un niño impresionante. Pero cuando somos jóvenes, la gente nos carga de expectativas producto de sus propias vidas no vividas. La mayoría de nosotros respondemos a estas expectativas siendo lo que los demás quieren que seamos. Esto es natural porque anhelamos amor, afecto y cariño.

—Así que aprendemos a complacer a los demás y, con demasiada frecuencia, nos perdemos a nosotros mismos en el intento. Pero ya no eres un niño. Es hora de liberarte de muchas de esas influencias y expectativas. Es hora de descubrir quién eres en el fondo de tu alma.

Charlie y Daniel permanecieron sentados en sus sillas durante la mayor parte de la tarde, y luego Daniel se levantó, se echó la mochila a la espalda y se dio vuelta para irse. Cuando llegó al pie de los escalones blancos, dijo sin mirar atrás:

—¡Nos vemos, Charlie!

—¡Seguro que sí, chico! Pero yo soy viejo, tú eres joven, y a nadie se le promete el mañana.

Daniel casi sonrió mientras emprendía su largo camino fuera de la ciudad.

6. ADIÓS A TODO

Bajo el sol de la tarde, la gente miraba dos veces al hombre que salía de la ciudad por la ruta 12.

—¿Es Daniel? —se preguntaban unos a otros.

Los que lo vieron de pie en el lugar del accidente, con una mochila a los pies, estaban seguros de que era él. Estuvo allí casi una hora, observando las cruces, las notas, las fotos y el monumento de flores. Las flores ya estaban marchitas, excepto tres ramos que habían sido colocados recientemente.

Daniel miró a su alrededor, con los sentidos agudizados, y por su mente desfilaron imágenes del pasado y del presente. Había marcas de neumáticos en la carretera, esos últimos pedazos de cristal que dejan los accidentes, y la carretera estaba manchada de sangre de venado. Por un momento se mareó pensando que tal vez las manchas de sangre no pertenecían al venado. Imaginando lo que había ocurrido aquel día, se aturdió, perdió el equilibrio y tropezó con la carretera. El estruendoso sonido de un claxon lo sacó de su aturdimiento y se apartó del arcén cuando un enorme camión pasó a toda velocidad, levantando polvo y rociándolo con una ráfaga de viento grasiento.

Daniel cayó de rodillas ante el santuario improvisado y empezó a llorar. Había llorado más desde aquel fatídico día que en sus primeros treinta y tres años. Cuando dejó de llorar, Daniel se levantó, se secó la cara, alzó la mochila y salió del pueblo, cruzó el puente y se adentró en las montañas.

Esa misma tarde, un hombre llamado Guy Sutherland entró a Murphy's, el bar del centro del pueblo, y anunció:

—Vi a Daniel mientras salía del pueblo.

Guy tenía setenta y dos años y todos los días, desde que se jubiló al cumplir los sesenta y cinco, llegaba al bar a las cinco y media, se tomaba una cerveza y luego se iba a cenar a casa con su mujer.

—¿En serio? preguntó Brian, el mesero—. ¿Estás seguro de que era él? ¿Adónde crees que va?

—Bueno, no hablé con él, y todavía estoy trabajando en mi capacidad de leer la mente, así que no puedo estar seguro, pero parecía que se dirigía a las montañas.

7. LA CARTA

Al salir de la ciudad aquel día, Daniel se sentía más inseguro de sí mismo que nunca. Por primera vez en treinta y tres años, no tenía un plan.

Rápidamente se hizo evidente que su estado físico se había deteriorado enormemente en los dos últimos meses. Casi diez semanas bebiendo hasta emborracharse, tratando de adormecer su dolor, lo habían dejado en un estado físico patético.

Después de treinta minutos, Daniel jadeaba, pero tenía miedo de parar y descansar. Si se detenía ahora, podría dar marcha atrás. La otra cosa de la que se dio cuenta era que parecía tener prisa. *¿Por qué tengo prisa?*, se preguntó.

Era una vieja costumbre. Daniel había tenido prisa por llegar a alguna parte toda su vida. Pero entonces disminuyó el ritmo de manera consciente y se dijo a sí mismo: *Encuentra un ritmo cómodo, un ritmo que puedas mantener indefinidamente.*

El aire fresco de la montaña empezó a llenarle los pulmones a medida que se alejaba del pueblo. *¿Cuándo fue la última vez que respiré tan profundamente? ¿Cuándo fue la última vez que fui consciente de la respiración que me mantenía vivo?*

La puerta de la negatividad se abrió en su mente y las voces de la duda, el desánimo y el arrepentimiento comenzaron su incesante parloteo. Las ahuyentó con una ráfaga de pequeñas cosas por las que estaba agradecido en ese momento. La negatividad huyó, pero sabía que volvería.

Luego de recorrer unas millas, salió de la carretera que había estado recorriendo y se dirigió hacia el sendero que lo llevaría a lo más profundo de las montañas.

La gente pensaría que estaba huyendo. Daniel lo sabía. Había escrito una carta y enviado copias a sus padres, a Javier, a Charlie, a otros amigos y compañeros de trabajo, y a los padres de Jessica.

La carta decía:

En mi adolescencia, mi padre me dio un consejo eterno. Siempre que no sepas qué hacer, me dijo, piensa si estás corriendo hacia algo o huyendo de algo.

Las circunstancias desgarradoras de estas últimas semanas me han hecho señas para alejarme de este mundo loco, ruidoso y ajetreado. La mayoría de la gente pensará que estoy huyendo. No es eso. Espero que sepan que no soy así. Pero también confieso que no sé hacia dónde me apresuro.

Vamos a lo largo de la vida. Pero si todo lo que hacemos es seguir adelante, entonces eso se convierte en nuestra vida. No sé a dónde voy ni qué hago. Lo único que sé es que ya no puedo limitarme a seguir la corriente.

Puede que esté loco. ¿Quién sabe? Puede que vuelva dentro de una semana tras haberme dado cuenta de ello. Lo que sé con toda seguridad es que no estaré sentado dentro de diez años diciendo: «Ojalá hubiera hecho eso».

Gracias por todo su cariño y apoyo, especialmente en estas últimas semanas.
Daniel

8. EL ÚLTIMO AVISTAMIENTO

Daniel salió del pueblo aquella tarde. Fue la última vez que alguien lo vio.

9. DESAPARECIDO

Año tras año, las estaciones iban y venían, pero nadie veía ni sabía nada de Daniel.

10. VIEJOS AMIGOS

Unos años más tarde, el padre de Daniel visitó a Charlie con motivo de su cumpleaños. Estuvieron toda la tarde sentados en las mecedoras, hablando, riendo y recordando.

—He estado subiendo a las montañas una vez a la semana —confesó el padre de Daniel—. No lo encuentro, Charlie.

Charlie intuyó que el padre de Daniel quería hacerle una pregunta, y sabía cuál era. Pero la virtud distintiva de Charlie era la paciencia, y esperó.

—¿Crees que sigue vivo? —preguntó finalmente el padre de Daniel.

Charlie respondió a su pregunta con la misma pregunta.

—¿Crees *tú* que sigue vivo?

—Yo sí —dijo el padre de Daniel.

Charlie asintió en silencio durante lo que pareció un largo rato, antes de decir:

—Sí, está vivo. Lo sabrías si no lo estuviera. Y yo también lo sabría.

11. EL CAVERNÍCOLA

Unas semanas más tarde, comenzaron los rumores. La gente decía haber visto a un vagabundo en las montañas.

Con el tiempo, estos avistamientos se hicieron más frecuentes, especialmente durante los meses más cálidos, y comenzó a surgir una leyenda en torno a este hombre que vivía en las montañas. La leyenda creció, al igual que las historias, cada una más fantástica que la anterior. Y en poco tiempo, la gente empezó a llamar al habitante de las montañas «El cavernícola».

Y así se quedó.

La gente del pueblo no le dio mucha importancia a esto. Nadie había resultado perjudicado en ningún sentido y estaban acostumbrados a que los excursionistas llegaran al pueblo contando historias. Pero Charlie lo supo en cuanto oyó hablar de «El cavernícola». No oyó a nadie más en el pueblo hacer la conexión, ni siquiera plantear la posibilidad, pero Charlie sabía que era Daniel.

Habían pasado varios años. La gente había seguido adelante con sus vidas. Algunos probablemente pensaban que Daniel había seguido caminando, buscando un lugar donde no hubiera un recuerdo a la vuelta de cada esquina. Pero Charlie lo sabía, y estaba seguro.

12. LAS NOTICIAS DE LA NOCHE

Unos meses más tarde, en las noticias de la noche, hubo un segmento sobre «El cavernícola». A Charlie le sorprendió que hubieran tardado tanto. No había mucho que contar. El cavernícola era un misterio, así que la noticia estaba llena de conjeturas y planteaba más preguntas de las que respondía. Pero fue suficiente para provocar el frenesí de la gente.

Una periodista vio la oportunidad de hacerse un nombre y no dudó en aprovecharla. Se llamaba Melissa Mayer. Alta y rubia, tenía esa cualidad que hace que la gente se encariñe con los presentadores de noticias.

Cada vez que se producía un avistamiento, buscaba a la persona que se había encontrado con el supuesto cavernícola y le hacía una entrevista. Siempre hacía las dos mismas preguntas:

—¿Hablaste con él?, ¿te dio miedo?

Durante meses, todos los que se habían encontrado con el cavernícola respondían que no a ambas preguntas.

La periodista también pedía a cada persona que colocara un chinche en un enorme mapa indicando dónde lo había visto. Esto preocupó a Charlie. Sabía que era Daniel y temía que la gente empezara a perseguirlo. El mapa del estudio de televisión avivó aún más la obsesión y, en cuestión de semanas, todo el mundo hablaba del misterioso hombre de las montañas.

—¿Por qué no hablaste con él? —le preguntó Melissa Mayer a un hombre de unos veinte años.

—No sé muy bien —respondió.

—¿Parecía peligroso?

—No.

—¿Tiene cicatrices en la cara o la mirada de un loco? —insistió Mayer.

—No.

—¿Hizo algo que te hiciera sentir inseguro?

Charlie estaba sentado en casa viendo la entrevista. Reconoció que ella estaba entrevistando en aras del dolor. Estaba pintando la imagen de un loco para invocar el miedo, aunque nadie había descrito al hombre de esas maneras.

—De ninguna manera —respondió el joven, desconcertando a Mayer—. Estaba tranquilo y en paz. No nos miraba, ni nos hablaba, ni intentaba entablar ningún tipo de relación con nosotros. Simplemente pasaba por allí. Pero ahora desearía haber hablado con él —dijo con nostalgia.

En aquel momento, Charlie supo que cualquiera que viera a Daniel en el futuro intentaría hablar con él, y que cualquier paz que hubiera encontrado en aquellas montañas estaba llegando a su fin.

Tenía razón, por supuesto. Charlie solía tenerla. Tenía un don. Todas aquellas tardes de silencio y soledad sentado en su mecedora habían perfeccionado su capacidad de ver el sentido de las cosas.

Una semana después, apareció en los medios una foto borrosa del cavernícola. La calidad era terrible, pero confirmaba lo que Charlie ya sabía. Era Daniel.

Sin embargo, nadie más en el pueblo parecía haber hecho la conexión. ¿Lo sabían? ¿Fingían no saberlo? Tal vez estaban tan acostumbrados a ver a Daniel con esos trajes a la medida e inmaculadamente confeccionados que realmente no lo reconocían con la barba hasta los hombros. Por otra parte, tal vez la gente no quería que fuera él.

En lo que todos estaban de acuerdo era en que a nadie le gustaba la atención que estaba atrayendo a su pequeño y tranquilo pueblo.

13. EL ERMITAÑO

La semana siguiente hubo nuevos informes, y ahora los chinches del mapa de Melissa Mayer iban acompañados de relatos de conversaciones que la gente afirmaba haber mantenido con el cavernícola.

—Cuando me acerqué a él —relató un hombre—, permaneció inmóvil, con los ojos fijos en el suelo. Un momento después, un puñado de mariposas de color lavanda se posaron en su hombro derecho. No las miró ni se inmutó; era como si formaran parte de su día a día. Le pregunté qué hacía en las montañas y me miró. Tuve que dar un paso atrás.

—No es que tuviera miedo, pero su mirada era tan poderosa que era como si me empujara hacia atrás. Cuando respondió mi pregunta, su voz era tranquila y melodiosa, pero no tengo ni idea de lo que dijo. Podía ver cómo movía los labios y oírlo hablar, pero no sé lo que dijo en realidad.

—Desde lejos parecía descuidado —dijo una mujer—, pero de cerca me di cuenta de que, aunque tenía la barba y el pelo largos y la ropa desaliñada, su higiene era irreprochable. Pensé que olería muy mal, pero no fue así. Sí olía, pero era a la fragancia de las bayas silvestres.

—Le hice algunas preguntas al cavernícola —dijo otra mujer—. Cuando le pregunté cuántos años llevaba en las montañas, dijo que no lo sabía. Le pregunté si era un vagabundo y sonrió como si le hubiera contado un chiste ligeramente gracioso. Tiene una sonrisa radiante. En ese momento, tuve uno de los pensamientos más claros que he tenido en la vida. Pensé: *Él tiene algo que yo no tengo*. Había una alegría pura en sus ojos cuando sonreía, y me pregunté cuándo fue la última vez que yo sonreí así, con tanta alegría desinhibida. Al bajar de la montaña, me di cuenta de que no había experimentado ese tipo de alegría desde que tenía cinco años. Y me encontré anhelando redescubrir esa sensación.

Unos días después, Melissa Mayer y su equipo se adentraron en las montañas con la esperanza de entrevistar al cavernícola. No lo encontraron, pero hablaron con algunas personas que lo habían visto ese día. Un hombre estaba visiblemente conmocionado.

—¿Qué te pasó? —le preguntó, acercándole el micrófono a la cara.

—Estaba sentado en una gran roca junto al arroyo cuando me acerqué a él. Permanecí a unos seis pies y empecé a hacerle preguntas. El ermitaño me invitó a sentarme a su lado y empezó a contarme la historia de mi vida. Sabía cosas que para cualquier otro ser humano serían imposibles de saber. Sabía cosas de mi vida, de mi familia, de mi trabajo, de mi pasado... Sabía cosas de mí que yo nunca le había contado a nadie.

—Hoy salí de excursión porque tengo que tomar una decisión. Puede que sea la decisión más importante de mi vida. El ermitaño lo sabía. Me quedé atónito mientras me describía dos futuros.

—«Llevas muchos meses reflexionando sobre esta cuestión», me dijo el ermitaño. «Es la decisión más importante que tomarás en tu vida. Quédate quieto, cierra los ojos y piérdete en las posibilidades. Presta atención a la decisión por la que te inclinas. No me digas cuál es. Mantenla en tu mente». Tras unos minutos de silencio, añadió: «Elige lo que estás pensando ahora mismo, y tu futuro será el primer futuro que te describí. Haz lo que has estado pensando hacer durante las últimas tres o cuatro semanas, y tu futuro será el segundo futuro que describí».

—Lo llamaste ermitaño —intervino Melissa Mayer, como si no hubiera oído su increíble historia—. ¿Se llamaba a sí mismo así? —insistió ella.

—No. No se refirió a sí mismo de ninguna manera. Pero pienso que no es un vagabundo. Su autosuficiencia lo demuestra. Cuando la gente empezó a llamarlo el cavernícola, me pareció despectivo. Sea quien sea este hombre, posee una sabiduría fuera de lo común que supera con creces la educación, tiene unas habilidades interpersonales excepcionales y unos dones espirituales que desafían cualquier explicación. Lo llamé ermitaño por respeto —dijo pensativo.

Mayer lo interrumpió:

—¿Qué más crees que la gente debería saber sobre el cavernícola?. —Estaba claro que intentaba mantener viva esa narrativa.

—Todo lo que sé es que él es algo más de lo que ha pensado cualquiera de nosotros. La forma en que hablas de él es impersonal y deshumanizadora. Pero él no es un objeto para nuestro entretenimiento. Es una persona, un ser humano increíblemente fascinante.

Melissa Mayer no parecía saber qué decir, y la entrevista terminó.

14. ¿CREES QUE ES ÉL?

Al día siguiente, Javier pasó por la casa de Charlie. Javier y Daniel solían jugar a la pelota en la calle frente a la casa de Charlie cuando eran niños con un grupo de amigos. Javier sabía que Charlie era un hombre de costumbres, lo cual significaba que a media tarde lo encontraría sentado en su mecedora en el porche.

Javier también sabía que Charlie era un hombre de pocas palabras, así que se acercó al porche, se sentó en la mecedora junto a Charlie y esperó.

Charlie no dijo nada. No era raro, pero hoy Javier estaba más impaciente que de costumbre. Tras quince minutos de silencio, Javier preguntó:

—¿Crees que es él?

—Sí. Sé que lo es —respondió Charlie—. Tú también.

—¿Crees que se volvió loco luego de vivir solo en las montañas?

—No.

—¿Debería subir e intentar ayudarle? —preguntó Javier.

Charlie sonrió. Al principio fue una amplia sonrisa, que luego se convirtió en una leve risita, y que rápidamente se transformó en una profunda carcajada. Javier se movió en su silla, sin saber si Charlie dejaría de reír.

—¿Qué te parece tan gracioso? —preguntó Javier, confundido.

—Lo siento, Javier. Últimamente no oigo muchos chistes aquí en el porche. ¿Está loco? No. Probablemente sea la persona más cuerda del país. ¿Necesita tu ayuda? No. Siempre has sido un buen amigo para él, Javier. Recuerdo que, desde que eran niños, estuviste pendiente de él. Pero ahora no necesita tu ayuda. De hecho, en este momento, puede que tú necesites más su ayuda que él la tuya.

Javier se quedó perplejo.

—¿Qué quieres decir?

—Javi, ¿has pensado en lo que cuesta sobrevivir en esas montañas todo el año? Combina eso con la claridad penetrante que dan el silencio y la soledad, y es probable que nuestro amigo se haya convertido en un ser humano muy evolucionado.

El anciano suspiró.

—¿Recuerdas cuando Daniel y tú eran niños y me preguntaban por qué pasaba tanto tiempo aquí en el porche sentado en silencio?

—Claro, nos parecía aburrido —contestó Javier.

—¿Recuerdas lo que te dije cuando por fin te armaste de valor para hacer la pregunta? —insistió Charlie.

—Nunca lo he olvidado —recordó Javier—. Puedes aprender más en una hora de silencio que en un año leyendo libros.

—Exactamente. El silencio es increíblemente poderoso. Es uno de los principales ingredientes que faltan en la vida de la mayoría de las personas infelices—. Pero piénsalo de esta manera, Javi. Cuando sales a caminar solo, las cosas se aclaran en tu mente, ¿verdad?

—Claro —afirmó Javier, todavía sin saber adónde quería llegar el anciano.

—Ahora, toma la claridad que obtienes al dar un paseo, multiplícala por el infinito, llévala a las alturas de la eternidad, y aún tendrás apenas un atisbo de la claridad que Daniel ha adquirido en las montañas.

—¿Volverá?

—Sí —dijo Charlie con seguridad y sin vacilar.

—¿Cómo lo sabes?

—Por dos razones. Primero, no fue a las montañas a esconderse. Fue allí para ser curado. Y segundo, hay un propósito para este tiempo en la vida de Daniel más allá de sus propias necesidades. Cualesquiera que sean los dones que ha recibido allá arriba, la gente los necesita aquí abajo, y él volverá para compartirlos cuando sea el momento adecuado.

Los dos hombres se sentaron en silencio durante un rato, y luego Charlie continuó:

—La cuestión es que todas las tribus, culturas y sociedades necesitan gente que haga exactamente lo que ha hecho Daniel. No todos podemos irnos a las montañas durante años para solucionar las cosas, pero necesitamos a alguien entre nosotros que lo haga. El problema es que queremos que nuestros líderes espirituales sean como nosotros, así que nunca les damos el tiempo o el espacio para recibir la claridad necesaria para liderar.

»Todas las sociedades necesitan personas que hagan el tipo de trabajo interior que ha estado haciendo Daniel. Todo el mundo se beneficia de ello. Así es como prosperan las culturas. Nuestra sociedad no valora el trabajo interior. Por eso estamos involucionando como sociedad y descendiendo al olvido cultural.

»Así que sí, volverá. Volverá para compartir lo que ha aprendido. Volverá para compartir en quién se ha convertido. Puede que sea muy diferente de cómo lo recuerdas, pero volverá. Puedes estar seguro de ello.

—¿Cuándo volverá? —preguntó Javier.

—Bueno, hace un mes habría dicho que cuando estuviera bien y preparado. Pero con todo lo que ha estado ocurriendo, sospecho que lo sacarán de esas montañas más pronto que tarde.

—Charlie, ¿puedo preguntarte una cosa más?

—Claro, cualquier cosa.

—¿Por qué la gente aquí en el pueblo no se ha dado cuenta de que es él?

—Ah, esa es una pregunta complicada, mi joven amigo —dijo Charlie—. Lo que quiero decir es que hay más de una respuesta. Algunos no quieren descubrirla. Algunos no quieren que nadie más lo resuelva. Algunos tienen miedo de admitir lo que ya saben que es verdad. No quieren que su pueblo pequeño y tranquilo se convierta en un circo. Pero independientemente de todo eso, el hecho de que la gente no hable de él no es sano, y es una señal inequívoca de que se avecina una tormenta.

Permanecieron sentados en silencio durante algún tiempo antes de que Javier preguntara:

—¿Estás preocupado por él?

—Claro —respondió Charlie con una sencillez que encendía su autenticidad—. Piénsalo. Decenas de personas se han encontrado con él. Le han hecho todo tipo de preguntas. Pero nadie le ha preguntado su nombre. Ese es el problema esencial de la fama: que deshumaniza. No ven a Daniel como una persona, y eso nunca acaba bien.

De camino a casa, Javier reflexionó sobre la conversación. Anhelaba más de la sabiduría que Charlie había acumulado a lo largo de los años y decidió pasar unos minutos cada día en el aula del silencio.

15. CURACIÓN E HISTERIA

La histeria estalló al cabo de un mes.

Una mujer llevó a su hija, enferma de siete años, por más de mil millas, la cargó en la espalda hasta las montañas y buscó al ermitaño.

Cuando lo encontró en las montañas, le rogó que curara a su hija.

—Nunca había hecho algo así —le dijo él.

Pero la madre se arrojó a sus pies y siguió suplicándole.

—¿Qué te hace pensar que soy capaz de algo así? —le preguntó el ermitaño.

—Sé que lo eres. No puedo explicarlo, pero en mi corazón sé que es verdad, aunque tú no lo sepas —respondió la madre desesperada.

El ermitaño oyó una voz que decía: «A veces los demás saben cosas de nosotros mucho antes de que nosotros las sepamos. Su fe en nosotros revela nuestro potencial inexplorado».

—¿En qué puedo servirte? —preguntó Daniel en voz baja.

La madre se levantó, llevó a su hija a unos doce pies de distancia y la dejó suavemente en un pedazo de hierba.

—Descansa aquí un momento, Mia.

La niña estaba muy cansada, era inválida de pies a cabeza, y no parecía tener fuerzas ni para sentarse.

El ermitaño vio que la madre estaba alejando a la niña lo suficiente para que no oyera su conversación. Cuando la mujer regresó, le susurró mientras empezaba a llorar suavemente:

—Mi hija tiene una enfermedad de la sangre muy rara. Los médicos dicen que no pueden hacer nada más y que le quedan menos de seis semanas de vida.

—Vi que le dijiste Mia a tu hija. ¿Cómo se llama? —preguntó el ermitaño a la madre.

—Ava —respondió ella.

—¿Por qué crees que puedo ayudarte? —inquirió él.

—Es una sensación que tengo. Puede que me equivoque, pero si tuvieras una hija, ¿no harías todo lo posible por ayudarla a vivir?

La pregunta de Ava lo dejó sin aliento y se puso completamente pálido. Sintió como si un hombre enorme le hubiera dado un puñetazo en el estómago.

Desde hacía años, la voz dentro de Daniel era cada vez más fuerte y nítida, y ahora le decía: «¡No tengas miedo!».

—Además —continuó Ava, ajena a su comunión interior—, es evidente que eres un profeta, un sabio, un visionario, un hombre santo, uno de los iluminados. Has sido tocado por Dios. Solo te pido que pongas tus manos sobre mi hija y reces. Dios te favorece y te ruego que le pidas que la cure.

El ermitaño se sintió inquieto por primera vez en más tiempo del que podía recordar. No estaba de acuerdo con gran parte de lo que decía la mujer, pero no tenía ningún deseo de discutir. Hacía poco que se había resignado a ser un incomprendido.

Se tomó un momento para pensar y respondió:

—Ava, no soy nada de lo que acabas de decir. La gente está racionalizando las historias sobre mis experiencias aquí arriba. No soy profeta, ni sabio, ni vidente, ni santo, ni nada de lo que la gente dice que soy. Solo soy un alma herida.

—¿De qué tienes miedo? —preguntó Ava, levantando la voz.

—Tengo miedo de que deposites tu esperanza en mí y que te decepcione —explicó el ermitaño con franqueza.

—No creo que se trate de eso —se aventuró a decir la mujer con osadía—. Creo que tienes miedo de tener el don de la curación. Creo que, como todos nosotros, tienes miedo de tu luz. Hay grandeza dentro de ti. Tú lo sabes y yo lo sé. Además, Mia tiene todo por ganar y nada que perder.

Había una tensión creciente. El momento se prolongaba. Pero la madre sabía instintivamente que no debía interrumpir el momento que se estaba desarrollando.

Él volvió a oír la voz: «¡No tengas miedo!».

—Muy bien —dijo el ermitaño en voz baja, rindiéndose a la situación—. Haré lo que me pides, porque siento tu angustia en lo más profundo de mi alma, pero tengo algunas condiciones.

—¿Qué clase de condiciones? —preguntó Ava, sorprendida.

—Dices que he sido tocado por Dios. Es cierto, pero no más que tú o cualquier otro. ¿Cómo no vamos a estarlo? Vivimos, nos movemos y existimos en Dios. Así que rezaremos juntos por tu hija. Y entonces, si ocurre algo milagroso, se habrá hecho a través de los dos.

—¿Cuáles son tus otras condiciones?

El ermitaño sabía que la niña se curaría. Su intuición se había agudizado durante su estancia en las montañas. También sabía lo que significaría la curación de la pequeña.

—Pase lo que pase, me gustaría pedirte que no se lo digas a nadie —dijo, mirando profundamente a los ojos de Ava. Pero aunque ella aceptara, él sabía que mañana saldría en las noticias de la noche. No se sentiría molesto con ella. Él mismo había llevado una vida inconsciente durante muchos años, y sabía que la mayor parte de lo que la gente dice y hace tiene un carácter inconsciente.

Tras caminar hacia la hierba donde estaba la niña, el ermitaño le dijo:

—¿Te gusta el chocolate, Mia?

Un susurro de sonrisa recorrió los labios de la niña, que asintió casi imperceptiblemente.

El ermitaño sacó una tableta de chocolate de un bolsillo que tenía en algún lugar de sus ropas andrajosas. Ava se dio cuenta de que estaba inmaculado. Parecía recién sacado de la estantería de una tienda. Fue a dárselo a Mia, pero su madre se puso enfrente. Desenvolvió un extremo, partió un pedazo y se lo pasó a su hija.

Ava se dio cuenta de que la tableta de chocolate estaba fría, como si la hubieran refrigerado. Sabía que ese día hacía más de ochenta y cinco grados y que la temperatura corporal del ermitaño debería haberla derretido en su bolsillo.

La niña se deleitó con el sabor.

—¿De dónde sacaste el chocolate? —preguntó Ava.

Sin embargo, él no contestó. Ahora estaba completamente concentrado en la niña.

—Mia, ¿crees que podrías ponerte de pie?

Ella sacudió la cabeza y murmuró:

—Estoy demasiado cansada.

—Tu madre y yo te ayudaremos. Puedes apoyarte en ese árbol de ahí —dijo él, tratando de animarla.

La niña tenía siete años, pero era tan frágil como una anciana de noventa. Su madre la levantó y la llevó hasta el árbol. Mia necesitó todas sus fuerzas para mantenerse en pie, incluso mientras se apoyó en el árbol.

El ermitaño puso una mano sobre la cabeza de la niña y la otra sobre su hombro derecho y le pidió a su madre que hiciera lo mismo. Entonces empezó a murmurar algunas palabras. Hablaba en voz tan baja que ni siquiera Mia y su madre podían oír lo que decía. Un momento después, Ava se derrumbó, como si se resquebrajaran los muros de una represa, y empezó a gritar histéricamente, rogando a Dios, suplicando que curara a su hija.

Esto duró tres minutos. El ermitaño siguió murmurando en voz baja. Luego, agachándose, tomó las manos de la niña, la miró a los ojos y le dijo:

—Mia, eres una joven maravillosa y me ha encantado conocerte. Veo que tienes mucho valor, pero también veo que tienes miedo. No tengas miedo. Tu madre te quiere mucho. Te trajo hasta aquí, a las montañas. ¿Por qué no intentas dar unos pasos por el sendero?

Mia sonrió y empezó a cojear por el sendero, al principio tímidamente, pero a los pocos minutos recuperó la confianza en sí misma y encontró el paso. Su madre la miraba asombrada. No podía apartar los ojos de ella, y no podía creer lo que estaba viendo. Al darse vuelta para agradecer al ermitaño, descubrió que este había desaparecido.

—Gracias —gritó. Pero no obtuvo respuesta. El ermitaño había curado a la niña. Al menos, eso creería la gente. Y todo estaba a punto de cambiar.

16. EL MUNDO ABRE CAMINOS

El mundo entero se abriría camino hacia la cueva del ermitaño. Él lo sabía. No podía hacer nada para impedirlo.

Así que Daniel empezó a preguntarse adónde debía ir y qué debía hacer. Sabía que no podía quedarse donde estaba. ¿Debería adentrarse más en las montañas y dificultar que la gente lo encontrara? Era como huir. Tal vez ya había pasado suficiente tiempo en las montañas.

En ese momento, Daniel tuvo una visión de la mecedora de Charlie. Se preguntó qué intentaba decirle aquella visión.

17. EL INSTINTO DE VOLVER

A la mañana siguiente, Daniel se despertó antes de lo habitual. Aún no había amanecido. Todavía estaba oscuro, y la oscuridad se aferraba a la mañana como un niño asustado se aferra a la pierna de su madre. Cuando abrió los ojos, un niño estaba a su lado. Mientras se limpiaba los ojos, se dio cuenta de que era una aparición de su yo de siete años.

—Es la hora —le dijo el niño.

—¿La hora de qué? —preguntó Daniel, aunque lo sabía. Pero el niño no respondió nada mientras desaparecía de su vista. Era la hora. Daniel lo sabía. Recordó el miedo que había sentido el día que empezó a caminar por las montañas años atrás. Ya no tenía miedo. Estaba en paz. Había aprendido a habitar en sí mismo. Sabía quién era y quién no era, y había abrazado la sabiduría de la aceptación. Menos de una hora después, empezó a caminar más allá de las montañas. Sin mochila. Únicamente con la ropa dispareja que llevaba a la espalda.

Poco antes de las once de la mañana, Daniel llegó al pueblo. Su primera parada sería la casa de Charlie. Pero cuando llegó, Charlie no estaba en su mecedora. Eso era inusual para un sábado por la mañana.

Daniel subió los seis escalones del porche, recordando que cuando era niño esos escalones le habían parecido los más grandes del mundo. Cuando llegó arriba, se dirigió a la puerta principal y tocó. A Charlie no le gustaban los timbres.

Nadie respondió. Daniel se dio cuenta de que el pueblo estaba inquietantemente tranquilo. No había autos circulando por la calle ni niños jugando a la pelota.

Tocó la puerta de al lado, pero tampoco contestó nadie. Mientras Daniel caminaba por la calle, no parecía haber nadie. No había nadie trabajando en el jardín, nadie leyendo el periódico en los porches y nadie paseando al perro. Cuando llegó al final de la calle, descubrió por qué.

La calle transversal conducía al pueblo, y en el lado norte de la plaza estaba la iglesia de San Pablo. Había autos estacionados por todas partes, e incluso desde tres manzanas de distancia, Daniel podía ver que la iglesia estaba abarrotada de gente.

Charlie había muerto.

Tan seguro como de distinguir su derecha de su izquierda, Daniel sabía que caminaba hacia el funeral de Charlie. Cuando llegó a la iglesia, intentó abrirse paso suavemente entre la multitud. La primera pareja a la que pasó se resistió, haciendo comentarios acerca de que se les había adelantado. El siguiente grupo de personas lo miró despectivamente. Pero enseguida se dieron cuenta de que era el ermitaño, y la multitud se separó como el mar Rojo para Moisés.

Al final de la escalera, uno de los acomodadores le cerró el paso, pensando que era un vagabundo. Daniel dio un paso para rodearlo, pero el acomodador se colocó a su derecha, impidiéndole de nuevo el paso.

—Hoy no es lugar para ti. Cualquier otro día te dejaría entrar para que no pases calor, pero hoy no.

El funeral aún no había empezado y Daniel dijo en voz baja:

—Por favor, apártese, señor. Soy amigo del difunto—. Hablaba en voz baja, pero su voz era firme y llena de autoridad, y la gente miró para ver qué pasaba.

Hasta entonces, Daniel había mantenido la mirada baja, pero en ese momento levantó el rostro y miró hacia la parte delantera de la iglesia, donde sus ojos se cruzaron con los de su padre. En ese momento este se dirigió hacia el altar tan rápido como pudo sin faltar al respeto a la ocasión.

—Está bien, Sean. Es mi hijo, Daniel.

Sean tanteó una disculpa avergonzada.

—Lo siento mucho, Daniel, no te había reconocido.

Daniel y su padre se abrazaron un poco más fuerte de lo habitual. Luego, dándose vuelta, caminaron por el pasillo hasta la primera fila. La iglesia se llenó de murmullos. Pero unos minutos más tarde, el pastor comenzó el servicio y un silencio reverente se cernió sobre la iglesia.

Daniel miró el ataúd y empezó a tener recuerdos de la última vez que había estado en esa iglesia. Se le pusieron las manos húmedas, empezó a sudarle la frente y, en pocos minutos, se sintió desconsolado y entró en una espiral de claustrofobia.

Cerró los ojos, pensando que eso le ayudaría, pero ahora solo veía los tres ataúdes blancos de su mujer y sus hijas. Abrió los ojos, sobresaltado, y su madre le tomó la mano y le dijo suavemente:

—Respira. Respira.

Su hijo había regresado. Las lágrimas comenzaron a resbalar por su rostro.

El párroco empezó a hablar de Charlie y, gracias a Dios, Daniel volvió a centrarse en lo que tenía entre manos. Pensó en la primera vez que había esforzado por subirse a la mecedora junto a la de Charlie, y en todas las tardes que había pasado allí hablando sentado con él.

Daniel sintió el dolor familiar de la pena, pero no había ninguna tragedia en la muerte de Charlie. Había vivido una vida rica y plena. Pero las niñas... sus vidas habían sido truncadas. Un giro tan brusco en la vida. La devastación de una muerte inesperada es diferente.

El día que enterró a su esposa e hijas, la muerte se sintió como un ladrón. Hoy, la muerte era una amiga, que llevaba a Charlie de esta vida a la otra. Pocos hombres han vivido tan intencionalmente, tan comprometidos con la vida. La de Charlie fue una vida bien empleada.

18. EL REGRESO A CASA

Mientras los portadores del féretro llevaban el ataúd de Charlie por el pasillo, Daniel se escabulló por la puerta lateral de la iglesia. Caminó hasta la casa de Charlie y se sentó en la mecedora. Al cabo de un rato, su padre se le unió.

—Pensé que te encontraría aquí —dijo su padre.

—Sí, no estaba seguro de lo que me hizo señas hacia abajo desde las montañas esta mañana, pero me alegro de estar aquí. Ojalá hubiera venido antes. Ojalá pudiera tener una última conversación con Charlie. Ojalá pudiera sentarme a su lado y mecerme en silencio —dijo Daniel.

—Era un buen hombre, hijo. Vivió una vida reflexiva. Y aunque eso pueda parecer poca cosa, es más difícil de lo que crees. Con demasiada frecuencia, la gente va sonámbula por la vida. Una vida reflexiva es rara y hermosa —concluye su padre con reverencia.

Daniel asintió con la cabeza. Había experimentado ambos lados de la conciencia y sabía lo que decía su padre. Pero antes de adentrarse en las montañas, las palabras de su padre no le habrían llegado.

—De niño, pasaba mucho tiempo preguntándome qué estaría pensando Charlie cuando se sentaba en este porche —dijo Daniel. Le preguntaba una y otra vez: «¿Qué piensas, Charlie?». Durante años se limitó a sonreír. Una vez, cuando tenía unos nueve años, volví a preguntárselo. Me dijo: «Ya eres mayorcito para empezar a tomarte en serio tus propios pensamientos, Daniel. Ya es hora de que dejes de preguntarte qué pienso yo. Tienes que pensar por ti mismo».

Daniel y su padre se sentaron a compartir sus recuerdos favoritos de Charlie, y luego se mecieron tranquilamente en sus sillas durante casi una hora.

—Debes estar cansado —le dijo el padre a su hijo.

Daniel sonrió.

—De todos modos, hijo mío, hay tantas cosas de las que me gustaría hablar, pero deberías descansar un poco. —Y con eso, le pasó a su hijo un juego de llaves.

—¿Qué son? —preguntó Daniel.

—Las llaves de tu nueva casa. Charlie te dejó este lugar.

—¿En serio?

—En efecto, lo hizo.

—¿Cómo sabía que yo volvería? —preguntó Daniel.

Las lágrimas asomaron en los ojos de su padre, pero se quedaron en los bordes de sus párpados.

—No estoy seguro. Pero confiaba en que lo harías. De hecho, hace solo tres semanas me dijo: «No tardará mucho».

Daniel volvió a sonreír.

—Tenía una intuición asombrosa, ¿verdad?

Su padre asintió suavemente con la cabeza.

—Gracias, papá. Sé que probablemente parezca que te he abandonado a ti y a mamá...

Su padre levantó la mano para interrumpir a Daniel, tal como había hecho Charlie el día que se fue a las montañas, y dijo:

—Tu madre y yo no pensamos así. Siempre te hemos animado a encontrar tu propio camino y a seguirlo. Eso no iba a cambiar ahora. Te extrañábamos, por supuesto. Estábamos preocupados por ti. Pero lo que queríamos, más que nada para nosotros, era lo que pudiera aliviar tu dolor y traerte la curación.

Daniel asintió agradecido y sonrió. *Amar es querer el bien del otro*, pensó. Era algo que su padre le había dicho docenas de veces a lo largo de su vida.

—No te veía sonreír así desde que eras un niño —le dijo su padre—. Me alegro mucho de verte, hijo.

Los dos hombres se levantaron y Daniel abrazó a su padre con fuerza.

—Gracias, papá.

—¿Por qué?

—Por todo, papá. Por todo.

19. EL SUEÑO DE EZRA

Una hora después de que su padre se fuera, Daniel oyó que tocaban la puerta. Se sobresaltó. Era algo muy corriente, pero en las montañas no se había acostumbrado a esas cosas. Se preguntó cuánto tardaría en volver a acostumbrarse a las cosas corrientes de la vida cotidiana. Esperaba no hacerlo nunca con algunas de ellas.

Al otro lado de la puerta estaba Ezra Abrams. Desde que Daniel era niño, Ezra había sido el abogado de su familia.

—Hola, señor Abrams —dijo Daniel, contento de verlo.

—Hola, Daniel. Veo que tu padre te habló del regalo de la casa de Charlie, pero hay algunas cosas más que me gustaría repasar contigo si tienes unos minutos.

—Por supuesto —respondió Daniel.

—¿Puedo pasar? —preguntó Ezra.

—Sí, sí, claro, por favor —dijo Daniel mientras tanteaba otra situación ordinaria.

Ezra y Daniel se sentaron en el salón. Tras abrir su maletín, el abogado empezó a hablar.

—Después de que te fueras, Daniel, tu familia me nombró custodio de tus asuntos legales y financieros. Al cabo de un tiempo, tu casa se consideró abandonada y se vendió. Los beneficios se invirtieron con tus otros bienes. Tu padre, Javier, y yo lo empaquetamos todo y lo guardamos en un depósito.

—Si puedes conformarte con llevar una vida sencilla, tienes dinero suficiente para vivir así muchos años. Nunca he cobrado honorarios. No me parecía bien. Tu padre insistió, pero por una vez en mi vida, no le hice caso.

—No tenías por qué hacerlo, Ezra. Por favor, toma lo que te corresponda con intereses —replicó Daniel.

—¡Ni en sueños! —insistió Ezra.

—Qué interesante elección de palabras —comentó Daniel—.

—¿Qué quieres decir?

—Me refería a soñar. Dijiste que ni en sueños —explicó Daniel.

—Claro, es solo una expresión.

—Lo sé, pero mientras lo decías, se me pasó una idea por la cabeza —explicó Daniel.

—¿Cuál?

—Mi padre me dijo una vez que no querías ser abogado. Me dijo que tu sueño era tener una cafetería con productos de panadería y libros, un lugar donde la gente pudiera reunirse y conectar.

—Todo hombre debería tener un sueño, ¿no crees? —reflexionó Ezra.

—Así es, mi viejo amigo, pero hay algo más. Cuando un hombre tiene la oportunidad de seguir su sueño, debería aprovechar esa oportunidad sin dudarlo.

—Probablemente tengas razón, Daniel, pero esa oportunidad nunca se me ha presentado, y estoy ocupado con muchas otras cosas —replicó Ezra.

—Entiendo —dijo Daniel antes de seguir adelante—. Mucha gente está lo bastante ocupada como para evitar sus sueños durante toda la vida.

—No sabría por dónde empezar —exclamó Ezra.

—Está escrito: «Si quieres construir un barco, no reúnas a los hombres para recoger leña, dividir el trabajo y dar órdenes. En lugar de eso, enséñales a anhelar el mar vasto y sin fin».

—Ya no soy un hombre joven —respondió Ezra.

—Exacto, así que no tienes tiempo que perder —insistió Daniel, y continuó—: Hay dos momentos en la vida en los que podemos perseguir nuestros sueños con abandono temerario. El primero es cuando somos jóvenes, antes de vernos envueltos en las responsabilidades del matrimonio y la familia. El segundo es cuando somos mayores y hemos cumplido en gran medida con estas responsabilidades.

Daniel había estado muchos años alejado, pero Ezra también lo conocía desde niño. E incluso con todo ese pelo en la cara, Ezra podía ver el brillo en los ojos de Daniel, y supo que estaba tramando un plan.

—Vi que el antiguo edificio de la panadería, en el lado sur de la plaza, está disponible —dijo Daniel, continuando con sus pensamientos—. Tiene el tamaño perfecto para tu sueño.

—No entiendo —dijo Ezra, confundido.

—Bueno, digamos que decidí quedarme en el pueblo, vivir aquí, en la vieja casa de Charlie, y ponerme a disposición de cualquiera que venga a visitarme. Así que podemos terminar cualquier otro asunto que tengas para mí otro día, porque ahora mismo quiero que vayas a la oficina de la inmobiliaria y alquiles ese edificio. Pronto empezará a venir gente de visita y necesitarán un lugar donde reunirse, un lugar como el que siempre has soñado abrir —dijo Daniel, sonriendo ampliamente.

Ezra dudó. Daniel percibió su resistencia. Pero también sabía que si dejaba pasar el momento, esta oportunidad desaparecería para siempre, al igual que el sueño de Ezra. Podía ver la pugna que se libraba en el corazón del anciano.

Y entonces, se sentó en silencio, observando, esperando, dejando que la idea madurara en el corazón de Ezra.

Poco después, en el momento oportuno, con voz más suave y apacible, Daniel volvió a hablar.

—Está escrito: «Tus sueños son tus sueños por una razón. Ten cuidado con la resistencia. Cuídate del deseo de retrasar algo que sabes que deberías estar haciendo ahora mismo».

—Está bien, está bien —dijo Ezra, rindiéndose finalmente. Llevaba toda la vida luchando con este sueño. La lucha había sido consigo mismo, con todas las expectativas con las que lo había cargado la gente, con su deseo de complacer a los demás, y con el miedo y las dudas que cualquier hombre necesita superar para seguir audazmente su sueño. Por fin, su destino le había ganado la partida.

Cuando se despertó aquella mañana, Ezra nunca habría imaginado que su vida cambiaría de una forma tan magnífica en un solo día.

20. VIEJO LOCO

—¿Qué fuiste a hacer? —preguntó Leah en voz alta desde la cocina cuando Ezra entró por la puerta principal aquella tarde. Llevaban casados más de cuarenta años, y ella ya sabía que él había alquilado el edificio sin que a ella tuviera la menor idea. Era una ciudad pequeña.

—¿Qué quieres decir? —preguntó Ezra tímidamente.

—Sabes exactamente lo que quiero decir, señor Ezra Abrams.

—Bien, es bueno que la mitad de los residentes de este pueblo no sean abogados; de lo contrario, estarían en la cárcel por no mantener el privilegio abogado-cliente. ¿Puede alguien en esta ciudad guardarse algo para sí mismo? —comentó Ezra evasivamente.

—Estás eludiendo mi pregunta —dijo Leah.

Era una de las muchas cosas que Ezra adoraba de su mujer. Podía burlarse de él y pedirle cuentas a la vez. Claro que a veces también odiaba eso.

—Surgió una oportunidad. He servido fielmente a mis clientes, he cumplido las esperanzas que mi padre tenía para su hijo, he mantenido a mi familia, y ahora ha llegado el momento de perseguir mi sueño —explicó Ezra.

—Viejo tonto —dijo Leah con cariño y humor—. ¡Cada año viene menos gente! ¿Quién te va a comprar el café y los pasteles?

—Aunque venga muy poca gente a la tienda, ¿qué importa, querida? Vivimos con sencillez, tenemos todo lo que necesitamos, y eso hará muy feliz a este anciano —dijo Ezra.

—¿Cuándo abrirás esta cafetería? —preguntó Leah.

—Mmm... Estaba pensando que tal vez... ¿el sábado?

—Te *volviste* loco, Ezra. ¿Qué está pasando realmente?

—Nunca es bueno retrasar innecesariamente un sueño, y creo que ambos sabemos que lo he estado haciendo durante muchísimos años. Estaba pensando que mañana podemos ir a la ciudad a por una cafetera, un frigorífico, algunas mesas y sillas, y un mostrador improvisado para empezar.

Leah se puso las manos en las caderas y dijo:

—¿Nosotros? ¿Nosotros?

—¡Sí, nosotros! —dijo él con la sonrisa infantil que a ella siempre le había gustado, gesticulando con las manos, de un lado a otro, entre él y Leah—. Todos estos años hemos estado haciendo nuestras propias cosas, ¡y esperaba que ahora pudiéramos hacer algo juntos!

Ella se acercó a él, le tomó la cara entre sus preciosas y viejas manos y le dijo:

—Eres un buen hombre, Ezra Abrams, y te mereces esto. —Luego le rodeó el cuello con los brazos y abrazó al único hombre al que había amado.

—¿Y las provisiones? —preguntó.

—Café, que podemos traer de la ciudad con un montón de bebidas frías. El viernes, esperaba que pudieras ayudarme a hornear algunos pasteles y galletas a tiempo para la inauguración del sábado. Y, por último, he pensado traer la vieja estantería del garaje y todos los libros del sótano. Podemos empezar con esos hasta que pueda conseguir un proveedor de libros —explicó Ezra.

—¿Cómo sabrá la gente que *hemos* abierto? —le preguntó Leah.

Ezra notó el «nosotros» y su felicidad se expandió. —Hoy pasé por la tienda de letreros de Owen y le encargué un letrero temporal —respondió.

—Pues ya has pensado en todo —volvió a burlarse Leah—. ¿Qué dice este letrero temporal?

—EZRA'S: Café y pasteles.

—¿Y tu bufete de abogado? ¿Y tus clientes? —preguntó Leah.

—Detalles, mujer, detalles —dijo Ezra, sabiendo que ella odiaba que le dijeran así, como si fuera una gran figura del Antiguo Testamento.

Leah sacudió la cabeza y le sonrió mientras volvía a hacer lo que había estado haciendo antes de que Ezra llegara a casa.

21. PIDIENDO AYUDA

A la mañana siguiente, Daniel se cortó la barba, se dio su primera ducha caliente en años, se puso ropa limpia y se dirigió a casa de Sean Murphy.

La gente le decía Murph. Era la quintaesencia del carácter irlandés. Con sus poco más de seis pies y sus casi trescientas libras de peso, su pelo rizado y pelirrojo y su barba, era una figura imponente. Nunca había pisado la patria de sus antepasados, pero tenía un marcado acento irlandés y un fabuloso sentido del humor. Ambos le habían sido transmitidos por sus padres y abuelos.

Daniel tocó la puerta y Sean abrió unos instantes después.

Una expresión de vergüenza apareció en su rostro en cuanto vio a Daniel, y las grandes y rubias mejillas irlandesas de Sean enrojecieron.

—Lo siento mucho, Daniel —dijo, con los ojos firmemente en dirección a sus zapatos—. Si hubiera sabido que eras tú...

—No hace falta que te disculpes. Es importante mantener a la chusma fuera de una ocasión solemne como el funeral de Charlie —dijo Daniel, sonriendo. Sean le devolvió la sonrisa y ambos se echaron a reír.

Sean tenía una risa bulliciosa y contagiosa, pero Daniel no recordaba haberlo oído reír antes de aquel momento.

Tanto Sean como Ezra tenían hijos que estaban un par de años adelante de Daniel en la escuela. Ambos habían muerto de sobredosis, con unos tres meses de diferencia, cuando tenían veintiún años. Ezra se había refugiado en su trabajo. Sean se había entregado a la bebida y había caído en una profunda depresión. Daniel recordó que no era la única persona del pueblo que había sufrido una tragedia. Era fácil ver el pueblo como un lugar idílico, pero la vida es complicada adondequiera que vayas.

—Entonces, ¿cómo puedo ayudarte? —preguntó Sean.

—Decidí quedarme aquí en el pueblo, Sean, lo que significa que probablemente veremos un flujo constante de visitantes por aquí. Durante mis últimas semanas en las montañas, la gente iba a visitarme todos los días. Ahora que no tienen que hacer la caminata para verme, sospecho que el número de visitantes no hará más que aumentar.

—Seguro que tienes razón, Daniel —confirmó Sean.

—Hiciste un trabajo bastante bueno para mantenerme fuera de la iglesia el otro día, y lo hiciste de una manera tranquila y digna. Así que me preguntaba si estarías dispuesto a venir a casa y mantener el orden. Estaba pensando que quizá podríamos pedir ayuda a un par de jubilados del pueblo.

—Me encantaría, Danny —respondió Sean.

Era la única persona, aparte de la madre de Daniel, que le decía así.

—¿Cuándo crees que empezará a aparecer gente?

—Yo diría que para el sábado la gente ya se habrá dado cuenta de que estoy aquí. Estoy planeando sentarme en la famosa mecedora de Charlie y atender a las personas de una en una.

Daniel vio que el irlandés parecía distraído. —¿Qué pasa, Sean?

—¿Por qué decidiste volver ahora? —le preguntó a Daniel.

—Hubo varias razones. La gente había descubierto dónde vivía en las montañas, y cada día iban más personas. No subí allí para huir y no quería empezar a esconderme. Tampoco tenía la intención de quedarme allí para siempre, así que me pareció el momento adecuado de volver a casa.

Daniel sabía que Sean tenía otra pregunta, así que preguntó:

—¿Qué más?

—No, nada —murmuró Sean.

—Intuyo que quieres preguntar algo más —lo presionó Daniel suavemente.

—Muy bien. ¿Has...?, ¿realmente curaste a esa niña?

—No sé qué pasó —empezó Daniel—. Hay pocas cosas más poderosas en el universo que el amor de una madre, y el amor que esa madre sentía por su hija era impresionante. Su viaje a las montañas fue un increíble acto de fe. Y es que ella creía que iba a ocurrir algo extraordinario.

»Al principio le dije que no, pero ella insistió. Seguí resistiéndome, pero entonces comprendí que me estaba resistiendo por las razones equivocadas. Estaba centrado en mí mismo. Así que me rendí al momento, me centré en la niña y me recordé a mí mismo que todos podemos ser instrumentos de bondad, amabilidad y curación.

—¿Cómo lo hiciste? Quiero decir, ¿qué ocurrió? —preguntó Sean.

—Puse una mano en la cabeza de la niña, la otra en su hombro, y recé. Recé para que la fuerza, el valor y la bondad de la madre fluyeran hacia la niña. Recé para que mi propia salud y bondad fluyeran hacia ella. Recé para que la bondad de mis hijas fluyera hacia ella y le diera una nueva vida. Invoqué a lo mejor de la humanidad de todas las épocas y les rogué que permitieran que su bondad fluyera hacia la niña. Y, por último, rogué a Dios que la sumergiera en su bondad y desatara sus poderes curativos.

—¿Ese es el murmullo que describió la madre en las noticias? —preguntó Sean.

Daniel asintió, recordando el poder de aquel momento, antes de preguntar:

—¿Qué crees que ocurrió?

Sean pensó un momento y luego dijo:

—Los médicos confirmaron que fue milagroso. Creo que, de alguna manera, has desarrollado una extraña conexión con Dios, y creo que Dios curó a esa niña a través de ti —explicó Sean.

—Es un hermoso misterio —dijo Daniel, asintiendo lentamente—. Nuestro afán por comprenderlo todo y nuestro rechazo de las cosas que no podemos ver ni explicar son algunas de las maldiciones de nuestra época. Estamos rodeados de misterio y milagros. Si no estamos dispuestos a reconocer el misterio que nos rodea, seremos incapaces de apreciar los milagros que llevamos adentro.

—Está escrito: «Solo hay dos maneras de vivir tu vida. Una es como si nada fuera un milagro. La otra es como si todo fuera un milagro».

Daniel había cambiado, pensó Sean. Como muchos otros en el pueblo, había conocido a Daniel antes de que se fuera a las montañas, pero el hombre que tenía frente a él ahora poseía una sabiduría poco común.

—Gracias por invitarme, Daniel, es un honor. Nos vemos el sábado.

Daniel empezó a alejarse, pero cuando llegó a la mitad del camino, se detuvo y se dio vuelta hacia Sean.

—Hay otra cosa que podría haber sido, Murph —dijo.

—¿Cuál? —respondió Sean.

—Podría haber sido el chocolate —dijo Daniel jovialmente, y ambos sonrieron.

Daniel volvió a casa y Sean se alegró de que no hubiera perdido el sentido del humor en las montañas.

22. LA CRISIS DE LA MEDIANA EDAD

La gente encontró a Daniel más rápido de lo que él pensaba. Cuando entró a la calle donde ya vivía, al volver de la casa de Sean, vio que había media docena de personas en la acera de su nueva casa. Pidió a sus primeros visitantes que se pusieran cómodos en el jardín delantero e invitó a la primera persona de la fila a subir al porche para hablar con él.

—¿Cómo te llamas? —preguntó Daniel a su primer visitante cuando el joven se sentó en la mecedora a su lado.

—Jacob.

—¿De dónde eres?

—De las afueras de Pittsburgh.

—¿Qué te trae por aquí hoy, Jacob? —preguntó Daniel.

—Creo que estoy teniendo la crisis de la mediana edad.

—¿Qué te hace pensar eso?

—La vida ya no tiene sentido. Las cosas que antes me gustaba hacer ya no me interesan. Estoy confuso. No sé lo que quiero. Me cuesta dormir. Bebo demasiado. Ya no me gusta mi trabajo. Y a mi mujer y a mí nos cuesta conectar —dijo Jacob con rapidez.

—¿Por qué crees que la sociedad lo llama crisis de la mediana edad? —preguntó Daniel.

Jacob no esperaba que le hicieran preguntas, y tardó un momento en ordenar sus pensamientos antes de decir:

—Tal vez porque todo parece desmoronarse.

—Creo que tienes razón —afirmó Daniel—. Puede que todo *parezca* desmoronarse, pero ¿qué lo mantenía unido?

Daniel dejó la pregunta en el aire durante un par de minutos antes de continuar.

—Al recordar mi propia vida, antes de adentrarme en las montañas, ahora me doy cuenta de que mi ego trabajaba horas extras, tratando desesperadamente de mantenerlo todo unido. Creo que lo que ocurre durante el pasaje intermedio de la vida es que nuestro ego, finalmente agotado, se libera. Es entonces cuando empezamos a sentir que todo se desmorona.

Jacob lo miraba atentamente, y Daniel continuó:

—Cuando trabajaba en Wall Street, había un dicho: «Una recesión es algo terrible de desperdiciar». Creo que una verdad similar se aplica aquí: una crisis de la mediana edad es algo horrible de desperdiciar. Si lo vemos en ese contexto, empezamos a preguntarnos si se trata de una crisis. Tal vez sea una oportunidad...

—¿Qué quieres decir? —intervino Jacob.

—Pensemos un momento en esas dos palabras. Una *crisis* es un momento de intensa agitación y dificultad. Una *oportunidad* es un conjunto de circunstancias que surgen para hacer posible algo nuevo.

»Las palabras son poderosas. Estas dos palabras —*crisis* y *oportunidad*— tienen una energía muy diferente. Si te sentaras en esa mecedora durante una hora, cerraras los ojos y repitieras una y otra vez la palabra *crisis*, ¿cómo crees que te sentirías al cabo de una hora?

—Agotado, ansioso... deprimido —respondió Jacob.

—¿Y esos son los sentimientos que te impulsaron a subir a tu auto y conducir cinco horas para visitarme?

—Sí, sí, exactamente —balbuceó Jacob.

—Ahora, déjame hacerte otra pregunta. Si te sentaras en esa mecedora durante la siguiente hora, cerraras los ojos y repitieras la palabra *oportunidad* una y otra vez en tu mente, ¿cómo crees que te sentirías al cabo de la hora.

—Mejor de lo que me he sentido en años —contestó Jacob reflexivamente.

—Nuestras vidas están llenas de oportunidades que no vemos. A medida que atravesamos la mediana edad, empezamos a cuestionarnos todas las expectativas que hemos permitido que configuren nuestras vidas. Algunas de esas pesadas expectativas las recibimos de nuestros padres, profesores, amigos y la sociedad. Otras las creamos nosotros mismos. Entonces, ¿se trata de una crisis o de una oportunidad? —preguntó Daniel retóricamente—. Tú decides. Puedes tener una crisis de la mediana edad o una oportunidad de la mediana edad. Tú eliges.

—Entonces, ¿qué hago? —preguntó Jacob.

—Eso depende de ti. Puedes redoblar tus esfuerzos y seguir haciendo lo que haces. Mucha gente lo intenta, pero es agotador. Fingir siempre lo es. O puedes empezar a prestar atención a lo que ocurre en tu interior.

—¿Hay alguna pregunta que debería hacerme?.

Daniel se quedó pensativo un buen rato y luego dijo:

—Estas son algunas preguntas en las cuales deberías pensar: ¿quién eres más allá de las etiquetas que te pone el mundo? ¿De qué manera estás llamado a crecer? Eres un hijo, un hermano, un marido, un padre, un empleado, etcétera. Pero antes de todo eso, eres una persona, un individuo en una búsqueda única. ¿Quién es ese ser humano único?

»Este conflicto interior que estás experimentando tiene un propósito. Te está ayudando a descubrir tu potencial no realizado. Para crecer, tendrás que dejar de lado las expectativas que han dirigido tu vida hasta este momento, reconocer las formas en que te saboteas a ti mismo y dejar de lado tu deseo de aprobación. Casi a cada paso, te cuestionarás si tienes la fuerza del alma para recorrer el camino que se te invita a explorar.

—¿Cuál es el mayor error que podría cometer? —preguntó ahora Jacob.

—En tiempos de turbulencia interior, nos sentimos atraídos por la distracción de la actividad externa. La experiencia de la mediana edad es una experiencia interior. Resiste la tentación de buscar soluciones externas a este dilema interior.

—¿Qué pasa con mi matrimonio?

—En el paso intermedio de la vida, es fácil dar por sentadas las cosas y las personas. Vuelve a casa, dile a tu mujer que la quieres, discúlpate por lo que tengas que disculparte, comparte algunos de tus recuerdos favoritos de tu vida juntos y luego llévatela a la cama y hazle el amor como si fuera la primera vez, la última y la única.

Jacob miró a Daniel con asombro.

—Gracias —dijo un poco aturdido. Luego asintió con decisión, se levantó y extendió la mano para estrechársela a Daniel.

—De nada —respondió Daniel, y por el rabillo del ojo vio que la siguiente persona se dirigía ansiosa hacia la mecedora.

A media tarde, Daniel había terminado de hablar con todos los que esperaban en el prado. Entró y se sentó a leer. Horas después se despertó, con un libro haciéndole cosquillas en el cuello.

23. LO EXTRAORDINARIO ORDINARIO

No tardaron en llegar decenas de personas.

—¿Dónde vive el profeta? —preguntaban a los lugareños. A Daniel no le gustaba ese nombre, pero había hecho paces con la idea de que era una de las muchas cosas que escapaban a su control.

Cada semana venía más gente que la anterior. Una tarde, Ezra pasó para ver cómo le iba a Daniel con la creciente afluencia de gente. Hablaron un rato, y luego Ezra dijo:

—Nos hemos hecho buenos amigos estos últimos meses, Daniel, y es una amistad que aprecio. Pero hay una pregunta que no puedo quitarme de la cabeza.

—Adelante, Ezra. Puedes preguntarme lo que quieras —dijo Daniel, invitándolo cordialmente a hablar.

Ezra suspiró, y Daniel no supo qué esperar.

—Te he oído decir que eres un hombre corriente. ¿Realmente lo crees?

—Así es.

—Pero ¿cómo es posible que creas eso, Daniel? —dijo Ezra, exasperado.

Ahora le tocaba a Daniel suspirar.

—A lo largo de la historia, la mayoría de los problemas han sido causados por una sola idea: la idea de que algunas personas son diferentes. Pero tan pronto empezamos a pensar que somos diferentes, o que los demás son diferentes, surgen las divisiones, y es entonces cuando las cosas empiezan a deteriorarse.

»Toda interacción humana se basa en la aceptación o el juicio. La aceptación lleva a los seres humanos a prosperar; el juicio hace que nos marchitemos. Cuando creemos que somos más inteligentes, de carácter más elevado, mejores padres, más importantes, más apuestos, más religiosos o ciudadanos superiores, situamos la comparación y el juicio en el centro de nuestra forma de relacionarnos con los demás.

—¿Cuál es la clave de esta aceptación de la que hablas? —preguntó Ezra.

—Está escrito: «Somos uno».

»La clave para aceptar a las personas es darme cuenta de que como me tratas es como te tratas a ti mismo. Lo que te hago a ti, me lo hago a mí mismo —explicó Daniel.

—¿Cómo dominamos nuestro juicio? —preguntó Ezra.

—Supongamos que evaluáramos a dos personas sin ningún juicio o con prejuicios. ¿Es eso posible? Solo si partimos de la creencia de que ambas personas son infinitamente valiosas. Esta creencia nos permite buscar y encontrar lo que es maravillosamente único en cada persona.

Daniel notó que Ezra parecía confuso, así que hizo una pausa.

—No estoy seguro de entenderlo —confesó Ezra—. Estábamos hablando de ti y de tus dones.

—Se trata del potencial. No se puede separar a una persona de su potencial futuro. Cuando lo hacemos, estamos ignorando una gran parte de esa persona, posiblemente los aspectos más importantes. Juzgar a otras personas es un error potencial excluyente. Los padres se maravillan del potencial de sus hijos, pero como adultos, dejamos de considerar nuestro propio potencial y el de los demás que se cruzan en nuestro camino.

»El potencial es algo asombroso. No eres lo que te ha pasado. No eres lo que has logrado. Eres mucho más. Incluso lo que eres hoy es solo una parte de lo que puedes llegar a ser. Es imposible conocer a una persona de manera significativa sin tener en cuenta su potencial no realizado. Cuando juzgamos a las personas, excluimos su potencial. Utilizamos nuestras preferencias, sesgos y prejuicios para definirlos como más o menos, mejores o peores, o diferentes a nosotros.

La expresión en la cara de Ezra le dijo a Daniel que le estaba gustando la conversación, pero que no sabía qué relación tenía todo aquello con su pregunta.

»Cuando murieron nuestros hijos, no solo lloramos nuestro pasado con ellos: lloramos el futuro robado. Incluso hoy, después de tantos años, seguimos llorando lo que podría haber sido. Los accidentes los mataron y, con ello, el destino asesinó su potencial.

Ezra tenía una expresión de insatisfacción en el rostro, así que Daniel hizo un último esfuerzo para ayudarle a comprender.

»Piensa en tu propia vida desde que regresé a la ciudad. Ha sido un viaje increíble. Te he oído contar la historia a la gente y, cuando la cuentas, sigues asombrado. Preguntas por mí, pero la respuesta está dentro de ti. ¿Cuántos hombres a tu edad habrían hecho lo que has hecho este último año? ¿A cualquier edad, en realidad? ¿Significa eso que eres mejor que los demás? No. Simplemente has sido más consciente de tu potencial en este momento.

—¡Pero no habría ocurrido sin ti! —exclamó el hombre mayor.

—Puede que tengas razón, pero ¿por qué importa eso? Una flor no reniega de su belleza porque necesite luz solar y agua —dijo Daniel con la tranquilidad que lo caracterizaba.

»Así que, para responder a su pregunta: ¿creo que soy un hombre ordinario? Lo creo. ¿Se ha activado más mi potencial en este momento concreto que en otros? Sí, creo que es cierto, pero no estoy haciendo nada que los demás no sean capaces de hacer. Mucha gente vería tu transformación en el último año y diría que es extraordinaria. Creo que es cierto, pero otros son capaces de lo mismo. Supongo que la cuestión es que me alegra ser ordinario o extraordinario, ¡siempre que los demás también lo sean!

Ezra sonrió, y Daniel extendió la mano y le acarició la cara con su gran mano derecha.

»Es la generosidad y la amabilidad de la llamada gente ordinaria lo que hace que el mundo gire. Me gusta pensar en ellos como los extraordinarios ordinarios —dijo Daniel—. Nosotros formamos parte de lo extraordinario, Ezra. No hay gente corriente. Cada persona es un milagro infinito rebosante de posibilidades inimaginables.

Ezra asintió con la cabeza y se rindió. Sabía que Daniel había cambiado, y se sentía honrado de tenerlo como amigo. Estaba más claro que nunca que la experiencia en las montañas lo había transformado profundamente, y que el mundo necesitaba desesperadamente el mensaje que había traído consigo.

—Lo siento, Daniel, parece que no puedo dejarlo pasar. Una pregunta más: ¿cómo vivimos esta sabiduría en nuestra vida diaria?

—Eres un alma hermosa, Ezra —dijo Daniel, sonriendo—. Ama el potencial no realizado de los demás. Honra tu propio potencial recordando que lo que eres hoy no es más que un tenue reflejo de todo lo que puedes llegar a ser. El potencial que se honra, se ama y se alienta florecerá.

24. LA CONCIENCIA

Cuando el último visitante abandonó el porche el sábado por la noche, ya era tarde. Daniel se preparó un sándwich y se sentó a la mesa de la cocina a saborear cada bocado. Tenía un sabor increíble. "Es un simple sándwich", se dijo. Pero la comida nunca le había sabido tan bien.

Todos sus sentidos se habían agudizado, transformando incluso las cosas más sencillas en experiencias elevadas. Era plenamente consciente de todo lo que ocurría a su alrededor y dentro de él. Cada bocanada de aire fresco, cada vaso de agua, cada ducha caliente, cada sonrisa y cada caricia. Todo era diferente.

Daniel quería que los demás experimentaran la vida como él la experimentaba ahora. Esa era su razón. Por eso volvió de las montañas. Quería compartir la euforia que había encontrado en las cosas corrientes de la vida cotidiana.

Su mente empezó a divagar y se extravió en pensamientos sobre Jessica. No pudo dejar de preguntarse cómo sería hacer el amor con ella en este nuevo y elevado estado de conciencia. Extrañaba su forcejeo matutino entre las sábanas. Añoraba el éxtasis carnal que había conocido con ella.

Una sacudida de dolor lo golpeó al comprender una vez más de que ella se había ido para siempre. No intentó escapar del dolor. En las montañas, había aprendido a profundizar en su dolor, a experimentarlo plenamente. El silencio y la soledad de aquellos años le habían enseñado a intentar experimentarlo todo plenamente.

Daniel se sentó con el recuerdo de su mujer, y lo invadió una tristeza desbordante. Permaneció sentado durante horas, dejando que lo invadiera como las olas en la playa.

Cuando salió de la meditación, sus pensamientos volvieron al día que acababa de vivir y a los días que le esperaban.

Había sido un día lleno de acontecimientos, y Daniel comprendió de inmediato que sería necesario establecer algunas directrices para los visitantes. Así que, luego de ir por una cartulina, escribió lo siguiente:

BIENVENIDOS.

Para que esta experiencia sea fructífera para el mayor número posible de personas, les rogamos que sigan estas directrices:
   1. Un visitante en el porche a la vez.
   2. Necesito unos momentos entre cada visita para volver a concentrarme. Puede que cierre los ojos; eso no significa que esté dormido (aunque si empiezo a roncar, probablemente signifique que lo estoy).
   3. Utiliza este tiempo para aquietar tu corazón y considerar por qué viniste aquí.

4. Todos estamos aquí para escuchar, no solo con los oídos, sino con todo nuestro ser. No necesitas tomar notas. Recordarás lo que necesites recordar. Si no recuerdas algo, ese mensaje no era para ti.

5. Sé amable con los demás. Cada persona con la que te encuentras está lidiando una dura batalla, llevando una pesada carga y luchando con sus propias preguntas. Sé amable y generoso. Tú conoces la carga que llevas; es mejor asumir que quienes te rodean llevan una carga aún mayor.

6. Sé paciente. La espera forma parte de la experiencia. La impaciencia es un ladrón que te robará la plenitud de esta experiencia.

Daniel

A la mañana siguiente, Daniel le pidió a Sean que le diera la tarjeta a la primera persona de la fila y que se la fuera pasando a la siguiente.

25. EL DOMINGO POR LA MAÑANA

El domingo por la mañana, Daniel se despertó, comió un desayuno ligero, se bañó, se afeitó y se vistió. Al mirar por la ventana desde su dormitorio, vio a la multitud y sintió compasión. Parecían perdidos y confusos, pero esperanzados, y él sintió el peso de su esperanza.

Salió por la puerta de atrás y se dirigió a la plaza del pueblo por la calle detrás de su casa. Alguien lo vio cruzar la plaza y entrar a la iglesia, y rápidamente se propagó el rumor. Algunas personas, temerosas de perder su sitio, permanecieron en fila frente a su casa. Otros dejaron algo en el suelo para no perder su sitio y siguieron a Daniel hasta el pueblo.

Daniel hacía esto todos los domingos y, al cabo de tres semanas, el jefe de bomberos vino a ver al pastor.

—No se puede tener tanta gente en la iglesia a la vez —le explicó.

—Entiendo —respondió el pastor—. ¿Cómo sugieres que maneje esta situación?

—No estoy seguro de que pueda hacer nada al respecto —explicó el jefe de bomberos—, pero es mi trabajo venir aquí y decirte lo que te he dicho. Así que hice mi trabajo y te sugiero que sigas haciendo el tuyo.

El pastor sonrió.

—Sin embargo, voy a enviar a alguien de mi equipo aquí cada domingo para garantizar la seguridad de todos —añadió el jefe de bomberos.

—Te lo agradeceríamos —respondió el pastor.

El pastor miró al jefe de bomberos y este al pastor.

—Es muy extraño, ¿verdad?

—Sí y no —respondió el pastor—. A lo largo de la historia, Dios siempre ha enviado profetas para recordar a la gente lo que más importa, para ayudarles a reordenar sus prioridades y reorientar sus vidas.

Los dos hombres permanecieron en silencio un momento, con la cabeza gacha, pensativos, y luego el pastor continuó:

—Está claro que Daniel hace mucho bien a mucha gente. Y viene aquí todos los domingos, así que no está confundido sobre quién es y quién no es.

—Tienes razón —dijo el jefe de bomberos, pasándose la mano por la cara—. Pero es algo que me preocupa.

—Si quieres preocuparte por alguien —replicó el pastor—, yo diría que te preocupes por Daniel. Es una responsabilidad enorme que cargar, y la verdad es que la humanidad tiene un historial horrible por cómo hemos tratado a personas como él.

El jefe de bomberos pensó en lo que dijo el pastor.

—Tienes razón. No lo había pensado de esa manera. Gracias, pastor. Me alegro de haber pasado por aquí. —Se dio vuelta para irse, pero después de cinco o seis pasos, se detuvo y se giró hacia el pastor—. ¿Te ha cambiado en algo?

El pastor sonrió sombríamente. —Me avergüenza reconocerlo, pero mientras más grande es la afluencia de público, más tiempo dedico a preparar mi mensaje dominical.

—Supongo que eso es simplemente humano —dijo el jefe de bomberos mientras los dos hombres se separaban.

26. LA BASURA DE UN HOMBRE

Una noche, Javier volvía a su casa desde el hospital cuando algo le hizo señas para que se acercara a casa de Daniel. Era tarde, pero decidió pasar a ver si su amigo seguía despierto.

La luz de la sala estaba encendida en la parte delantera de la casa, así que estacionó y se dirigió a la puerta principal. Cuando iba a tocar, la puerta se abrió. Daniel estaba allí y dijo:

—Javier, qué alegría verte. No hace más de treinta minutos que estaba pensando en ti.

Javier se preguntó en silencio si eso era lo que lo había hecho llegar tan tarde a casa de Daniel.

—Bienvenido. ¿Quieres tomar algo? ¿Agua? ¿Una copa de vino? —preguntó Daniel.

—No, gracias, estoy bien —respondió Javier.

—¿Estás seguro? —insistió Daniel.

—Está bien, tomaré una copa de vino.

—¿Tinto o blanco?

—Tinto, por favor.

Daniel fue a la cocina y sirvió una copa de vino. De regreso en la sala, se la dio a Javier y le preguntó:

—¿Qué hay de nuevo en tu mundo?

—No mucho. Trabajo bastante.

—¿Qué es lo mejor que te ocurrió hoy? —preguntó Daniel, tratando de sonsacar a su amigo.

Javier no respondió, pero Daniel se dio cuenta de que estaba pensando. Los viejos amigos se sentían cómodos el uno en presencia del otro, y eso hacía feliz a Daniel.

—Hoy atendí a una niña —dijo Javier al cabo de un rato—. Se había caído y tenía un corte enorme en la cabeza, pero seguía muy contenta. La había pasado muy bien jugando con sus amigas y, mientras la atendía, hablaba de todas las cosas que habían hecho antes de lastimarse. Era como si la lesión fuera solo una nota a pie de página.

—¿Cuántos años tenía? —preguntó Daniel.

—Cinco.

Daniel sonrió y pensó en sus hijas. Las extrañaba. Todo le recordaba a ellas, y aún lloraba los momentos no vividos de sus vidas. Momentos que nunca llegarían a vivir, momentos que nunca llegaría a compartir con sus hijas.

Javier sabía lo que Daniel estaba pensando, pero de todos modos le preguntó:

—¿En qué piensas, amigo?

—En qué no, en quién. Nunca en qué, siempre en quién. En las niñas —contestó Daniel inconexo y con dolor en la voz—. Cuando eran pequeñas, cada día era su primer «algo». Su primera palabra. La primera vez que decían «mamá». La primera vez que sonreían. La primera vez que gateaban, se levantaban y caminaban. Su primer día de escuela... cada vez que las miraba, era su primera vez. Eso hacía que la vida fuera mágica.

Javier se sentó a escuchar. No sabía qué decir. Temía decir algo equivocado y provocar una profunda tristeza en su amigo.

Los dos hombres permanecieron sentados en silencio durante un largo rato, pero no se sentían incómodos. Era la capacidad bien aprendida de dos personas de simplemente estar juntas.

—¿Tenías algo que querías preguntarme, Javier? —preguntó Daniel, rompiendo el silencio.

—¿Cómo lo sabías?

—Es simplemente una sensación.

—No es nada, de verdad —dijo Javier, sacudiendo la cabeza—. Es una pregunta un poco rara, pero no puedo quitármela de la cabeza. La historia de la chica que curaste en las montañas. Se la he oído contar a varias personas, y cada vez mencionaron que le diste chocolate.

Daniel se rio. Había estado esperando una pregunta punzante de la mente aguda de su amigo de toda la vida. Entre risas, dijo:

—Así es. Le di un poco de chocolate. Sean bromea diciendo que fue el chocolate lo que la curó.

—Te lo advertí: es una pregunta extraña. ¿Dónde conseguiste el chocolate?

Daniel volvió a reír.

—Gran pregunta. Aquí estaba yo, pensando que tenías una pregunta profunda que querías discutir, pero no, es sobre el chocolate.

—Lo siento... —comenzó a decir Javier, pero Daniel lo detuvo suavemente.

—No hace falta que te disculpes, amigo mío. Sabes que estoy bromeando. Es una gran pregunta. Me sorprende que nadie me lo haya preguntado antes. El chocolate lo dejaron unos excursionistas. Es increíble todas las cosas que la gente dejaba allá arriba.

»El despilfarro y la creencia de que se tiene derecho a algo fueron dos de las primeras lecciones que me enseñaron las montañas. Pronto me di cuenta de que llevaba una vida de excesos y derroches. Necesitamos tan poco y, sin embargo, nos complicamos la vida con tanto. Aprendí que podía vivir como un rey con las cosas que otros desechaban. Lo que una persona considera que vale menos o que es un inconveniente puede ser literalmente vital para otra. La gente desechaba casi todo lo que yo necesitaba para vivir. La basura de uno es el tesoro de otro. Está escrito: «Vive con sencillez para que los demás puedan vivir con sencillez». Hay una gran sabiduría en este dicho, pero como la mayoría de las verdades, nos reta a abandonar la comodidad por un camino más auténtico.

Los dos viejos amigos se quedaron hablando hasta tarde. Esa había sido la piedra angular de su amistad desde la escuela. Sus discusiones nocturnas eran épicas. Javier estaba feliz de tener de regreso a su viejo amigo, y Daniel se deleitaba en la normalidad de la situación. Cuando Daniel se fue a dormir, ya era casi la hora de levantarse.

27. LA VERDAD BRUTAL

El día siguiente le pareció interminable a Daniel. No era habitual. No sabía exactamente por qué. No estaba cansado, solo un poco inquieto. Por eso, cuando Sean se acercó y dijo que la siguiente visita sería la última del día, Daniel sintió un ligero alivio.

Un momento después, un joven de unos treinta años subió al porche y se sentó en la mecedora junto a Daniel. Parecía confiado, pero Daniel intuyó que no todo era lo que parecía.

—¿En qué puedo ayudarte? —preguntó Daniel.

—Mientras esperaba para verte, estuve hablando con otras personas que han venido desde cerca y desde lejos. Y me di cuenta de que muchos de tus visitantes han venido aquí con problemas dolorosos y preguntas apremiantes. Yo no tengo nada de eso. Mi vida es buena. Tengo un trabajo fantástico y una novia maravillosa, tengo buena salud, mi familia me apoya y tengo muchos amigos e intereses. Sin embargo, siento que me falta algo, algo que no puedo ver. Dicen que eres profeta. No sé si es verdad, pero tengo curiosidad por saber qué consejo le darías a alguien como yo.

Daniel cerró los ojos. Nadie sabía lo que hacía cuando él cerraba los ojos. Nadie se lo había preguntado nunca. A veces cerraba los ojos durante un minuto, otras durante diez. Pero cuando por fin los abría, parecía saber exactamente lo que iba a decir, y siempre parecía ser exactamente lo que la persona que tenía enfrente necesitaba oír.

—¿Cómo te llamas? —preguntó Daniel.

—Jackson —respondió el joven.

—Quiero compartir dos cosas contigo. La primera puede parecer dura, pero si vas a encontrar lo que buscas, si quieres crecer, necesitas oírla.

—De acuerdo —dijo Jackson, su confianza vacilante.

—Haces que parezca que todo va bien en tu vida, pero tú y yo sabemos que eso no es cierto.

—¿Qué quieres decir? —preguntó Jackson a la defensiva.

—Bueno, ninguna de las cosas que mencionaste va tan bien como lo describiste —respondió Daniel, para sorpresa de Jackson—. Es cierto que tienes un gran trabajo, pero no es un gran trabajo para ti. El dinero es bueno, pero no eres feliz en tu trabajo, porque sabes que no es el adecuado para ti. Miras a los que tienen diez años más que tú y no te imaginas haciendo eso otros diez años. Y, sin embargo, la idea de un cambio de carrera te llena de un miedo paralizante.

»Tu novia maravillosa te engañó el año pasado y no dejas de preguntarte cómo y por qué ocurrió. Pero ustedes no pueden hablar de ello, lo que te hace preguntarte si volverá a ocurrir. Tu padre siempre ha preferido a tu hermano mayor y tu madre nunca ha intentado comprenderte. Tienes muchos intereses, pero has ido perdiendo interés en ellos desde que terminaste la universidad, y eso te asusta.

»Tienes un pequeño grupo de amigos íntimos, pero hay cosas de las que no puedes hablar con ellos. Hay cosas de las que sientes que no puedes hablar con nadie, y eso te hace sentir desesperadamente solo. Y el mes pasado te llevaste un buen susto con tu salud, y aunque ahora estás bien, es la primera vez que tuviste un roce con tu mortalidad, y eso también te puso nervioso.

Jackson miró a Daniel, estupefacto.

—¿Cómo sabes todo eso? —preguntó indignado.

Daniel no respondió la pregunta.

—Cómo sé lo que sé es irrelevante. Lo que es de gran importancia es por qué te niegas a enfrentarte a la verdad de tu vida. Ser honrado con respecto a dónde estás es el primer paso esencial en el viaje hacia donde deseas ir.

—¿Y cuál es el segundo? —preguntó Jackson con desdén.

—No hay por qué avergonzarse, Jackson —dijo Daniel, inclinándose hacia él—. Todos tenemos que enfrentarnos a la verdad sobre nuestras vidas. Cuando te sentaste, dijiste que no eras como el resto de la gente que viene a verme porque no tienes problemas urgentes ni preguntas dolorosas. La verdad es que tienes más preguntas y problemas que la mayoría de la gente que viene aquí. Pero a diferencia de mis otros visitantes, no pareces dispuesto a explorarlos. ¿Por qué sientes la necesidad de fingir?

Jackson se encogió de hombros. Daniel hizo una pausa y respiró profundo y continuó:

»Me preguntaste qué consejo le daría a alguien como tú. Enfréntate a la brutal verdad sobre ti mismo y tu vida. Exponte a ti mismo.

—¿Cómo hago eso? —preguntó Jackson, abriéndose de verdad por primera vez.

—Hazte amigo del silencio, la quietud y la soledad. Siéntete cómodo en tu propia compañía. Y hazte muchas preguntas —le aconsejó Daniel con calma.

—¿Qué tipo de preguntas? —preguntó el joven.

—¿Qué te da alegría? ¿Qué te da miedo? ¿Cuál es la fuente de tu inseguridad? ¿Qué crees de tu pasado que te aleja de tu futuro? ¿Cuándo fue la última vez que te sentiste plenamente vivo? ¿Te dan energía las cosas que haces cada día? ¿Sientes empatía por los demás? ¿Qué es lo que no te satisface en este momento de tu vida? ¿Dejas que la gente te conozca de verdad? Si no es así, ¿por qué? ¿Te ayudan tus amigos a ser la mejor versión de ti mismo? ¿Cuándo fue la última vez que hiciste algo con todo tu corazón? ¿Qué finges no saber sobre ti, tu vida, tus relaciones, tu carrera, tu salud, tus finanzas? ¿Qué crees que no es cierto? ¿Qué crees que tienes que hacer para recibir amor?

Jackson permaneció sentado, como si estuviera solo.

Era increíble lo que Daniel podía adivinar por la forma en que la gente se sentaba en la mecedora. El comportamiento y la postura de Jackson se habían ido desplomando poco a poco. Ahora estaba inquieto y el balanceo de la silla revelaba su ansiedad. Ya no era el joven tranquilo y confiado que había fingido ser cuando se sentó por primera vez.

—¿Cómo voy a recordar todas esas preguntas?

—Recordarás las que necesites ahora. Otras resurgirán en tu vida cuando estés preparado para responderlas con total honestidad —explicó Daniel.

—¿Cómo me hago amigo del silencio, la quietud y la soledad? —preguntó Jackson.

—En un minuto hablaremos del cómo, pero primero hablemos del porqué. Empieza con el propósito en todas las cosas. Comprender el propósito es la clave de la maestría. El silencio y la quietud te permiten conectarte con tu yo más verdadero. Te permiten profundizar en tu alma y explorar tu esencia. En este estado, adquieres mucha claridad acerca de tus necesidades, talentos y deseos, y el camino a seguir siempre se encuentra en la intersección de tus necesidades, talentos y deseos. Cuando la gente dice que no sabe qué hacer, rara vez es verdad. Están confundidos sobre quiénes son o pretenden ser alguien que no son. Es imposible pasar habitualmente tiempo en silencio y no conocerse a uno mismo. La claridad surge del silencio. Así es como pasamos del caos al orden, de la confusión a la claridad.

—¿Por qué es importante la soledad? —preguntó Jackson.

—Porque la soledad elimina la necesidad de fingir de cualquier manera —respondió Daniel—. Mientras estemos preocupados por cómo nos perciben los demás, es imposible descubrir nuestro yo más verdadero.

Las mecedoras se balanceaban suavemente de un lado a otro. La brisa de la tarde arreciaba con más fuerza de lo habitual. El cielo revelaba nubes oscuras que se formaban hacia el oeste.

—¿Qué *hago* en medio del silencio?

—Discúlpame un momento —dijo Daniel mientras se levantaba y

caminaba hacia donde Sean hablaba con algunos visitantes.

—¿Tienes un momento? —le preguntó a Sean.

Sean se sobresaltó. No podía recordar un momento en que Daniel hubiera bajado del porche durante el día.

—Por supuesto, ¿todo está bien? —susurró Sean nerviosamente.

—Todo está bien, pero en unos quince minutos toda esta gente se va a empapar. Llévalos al negocio de Ezra y pídele que les dé café y sándwiches. Me reuniré con todos ustedes allí cuando termine de hablar con este joven.

Tras regresar a su mecedora, Daniel repitió la pregunta de Jack:

—¿Qué haces en medio del silencio, la quietud y la soledad? Puedes leer, pero con el tiempo dejarás de hacerlo al darte cuenta de que puedes aprender más en una hora de silencio que en un año de libros. Puedes meditar, reflexionar y rezar, pero recuerda que buscamos la oración sin palabras. La quietud, el silencio y la soledad te enseñarán a ser simplemente, y una vez que hayas aprendido a hacer eso, todo lo que hagas será infinitamente más impactante.

»Con el tiempo, descubrirás que no necesitas hacer nada. Esta es una de las mayores lecciones de la vida: el propósito de la vida no es ir de aquí para allá haciendo todo tipo de cosas sin sentido, sino hacer las cosas esenciales que te permiten convertirte en todo aquello para lo que fuiste creado. Está escrito: «No necesitas salir de tu habitación. Quédate sentado a la mesa y escucha. Ni siquiera es necesario que escuches; simplemente espera, permanece callado, quieto y solitario. El mundo se te ofrecerá libremente para que lo desenmascares, no tiene elección. Se revolcará extasiado a tus pies».

Una mirada esperanzada pasó por el rostro de Jackson, pero se desvaneció rápidamente. La mayoría de la gente dejaba a Daniel con la sensación de haberse quitado un peso de encima, pero cuando este joven se fue, Daniel supo que se iba con el corazón encogido. Deseaba poder hacer algo más para ayudarle, pero también sabía que lo que había que hacer, el joven solo podía hacerlo por sí mismo.

28. EL AMOR

La cafetería estaba más activa que nunca cuando Daniel cruzó la puerta. Había gente por todas partes. Sus ojos se cruzaron con los de Ezra, detrás del mostrador, y sonrieron con la alegría poco común de dos hombres que siguen su destino.

Ezra hizo un gesto hacia un rincón y Daniel se fijó en una gran silla vacía. Cuando se dirigió hacia ella, se hizo el silencio. Acomodado en el gran sillón, Daniel miró a su alrededor. La gente lo miraba expectante, con los ojos llenos de esperanza.

—¿De qué deberíamos hablar? —preguntó despreocupado.

—*Háblanos del* AMOR —gritó una voz anónima.

—Ah, sí —murmuró Daniel casi imperceptiblemente—. Nunca algo tan crucial para la experiencia humana ha sido tan incomprendido. El amor nos ennoblece. La naturaleza misma del amor es el alma. Alimenta nuestros corazones, mentes, cuerpos y almas. El amor romántico domina la conversación en nuestra cultura. Pero el amor romántico es una mala guía de los muchos mundos del amor y un lente distorsionado a través del cual entender la esencia del amor. La idea de enamorarse nos hace creer que el amor es fácil y placentero, pero lo que llamamos «enamorarse» no es amor. Amar a alguien y estar enamorado pueden chocar a veces, pero no son lo mismo.

»El hecho enamorarse contiene sentimientos de eternidad o "para siempre", pero los sentimientos son poco fiables e insostenibles. Por lo tanto, cualquier relación basada únicamente en los sentimientos será poco fiable e insostenible. Por su propia naturaleza, los sentimientos son fugaces, por lo que cualquier esfuerzo por hacer que el fenómeno del «enamoramiento» sea duradero está condenado al fracaso. Nuestro deseo de hacer durar para siempre algo que inevitablemente acabará es un engaño que nos deja poco preparados para una relación sostenible.

La gente parecía inclinarse más hacia Daniel a medida que transcurría la conversación. El reconfortante aroma del café flotaba en el aire. De vez en cuando, el delicioso aroma de una hornada de pasteles o galletas recién hechos se dejaba sentir y a Daniel se le hacía la boca agua.

»Dos personas se enamoran, pero a medida que pasa el tiempo, tú descubres que él no es todo lo que creías que era, y él descubre que tú no eres todo lo que él pensaba que eras. Juntos se dan cuenta de que son frágiles, imperfectos, están lastimados y, sin embargo, maravillosos. En ese momento, se encuentran en el umbral de la unión, enfrentados a esta pregunta: ¿queremos ser frágiles, imperfectos, lastimados y maravillosos juntos?

Daniel estaba a punto de continuar cuando sintió que alguien quería hacer una pregunta. Venía de una joven que estaba junto a la máquina de café.

—¿Qué suposiciones hacemos sobre el amor que nos impiden experimentarlo? —preguntó.

—La primera suposición que hacemos es pensar que sabemos lo que es el amor, o incluso lo que significa la palabra *amor*, y que todo el mundo está de acuerdo en una definición. Sócrates revolucionó la filosofía comenzando la discusión de cada nuevo tema con una simple pregunta: «¿Qué es?». Sigamos sus pasos: ¿qué es el amor?

—Está escrito: «Amar es querer el bien del otro». Por su propia naturaleza, el amor se centra en el otro. No es egoísta. Amar es desear el bien del otro. Esto no tiene nada que ver con los sentimientos o el romance, y esta comprensión nos lleva a lo que es común entre los muchos tipos de amor humano. Existe el amor entre familiares y amigos, el amor romántico y el amor que sentimos por vecinos y extraños. Pero la naturaleza del amor no cambia. En todos los casos, el amor consiste en querer el bien del otro.

»Por lo tanto, el amor es una elección, un acto de voluntad, no un sentimiento ni un destino —prosiguió Daniel—. Es algo que haces, y no algo que te sucede. La decisión de amar puede ir acompañada de grandes sentimientos, pero no tiene por qué ser así. El amor es un verbo, no un sustantivo.

La multitud permaneció inmóvil. Daniel estudió los rostros de la multitud, llenos de esperanza y anhelo. El silencio se rompió con otra pregunta. Todas las cabezas parecieron girarse a la vez. Reconoció la voz. Era Madison, la hija del comerciante de vinos local. Estaba con unos amigos en la parte trasera de la tienda.

—¿Cómo debemos elegir con quién pasar la vida? —preguntó Madison. La fuerza gravitatoria de su juventud devolvió la conversación al amor romántico. Daniel suspiró levemente, sonrió y decidió no resistirse.

—Nuestro deseo más profundo es amar y ser amados. Obviamente, hay muchos factores. La atracción física, el carácter y los valores, las prioridades, las esperanzas y los sueños, la ética laboral, la facilidad y la capacidad para conversar, la voluntad de compromiso y el sentido del humor, por nombrar algunos. Pero a menudo pasamos por alto la capacidad de amar de la otra persona. Damos por sentado que todo el mundo tiene la misma capacidad de amar, pero no es cierto. Algunas personas corren más rápido que otras, algunas personas son más astutas económicamente que otras, y algunas pueden amar más que otras. Elige a la persona que pueda amarte más.

Se hizo el silencio en la cafetería.

—¿Cómo sabremos quién puede amarnos más? —insistió Madison.

—Nuestra capacidad de amar está determinada por el dominio de nosotros mismos. Solo podemos amar en la medida en que somos libres. Alguien esclavizado por la adicción no puede amar: todo su ser está centrado en atender su adicción. Ha caído en un estado completamente centrado en sí mismo.

»Querer el bien del otro, actuar por el bien del otro, elegir el amor requiere la libertad del dominio de sí mismo. El amor es el don generoso de uno mismo. Pero para darnos a nosotros mismos, primero debemos poseernos. Solo podemos darnos en la medida en que nos poseemos a nosotros mismos.

»Por eso, ten cuidado a quién dejas entrar en tu corazón. A quien elijas amar te elevará o te derribará. Nunca entregues tu amor a alguien que no tiene autocontrol. Enamorarse de alguien incapaz de corresponderte es una tragedia que altera la vida, y una persona sin autocontrol no puede corresponderte.

»El amor puede ser placentero y fácil, pero si esperas eso todo el tiempo, te desilusionarás, porque el amor también es doloroso y difícil. Si esperas que una relación resuelva tus problemas, te sentirás decepcionada. Las relaciones no resuelven los problemas; traen nuevos problemas, pero esos problemas son oportunidades preciosas para la expansión del alma. Las situaciones difíciles e inoportunas de las relaciones también encierran las soluciones a los misterios sin resolver de nuestro corazón.

»El amor es una elección. Cualquiera puede elegir el amor cuando es placentero y las circunstancias son favorables, pero el personaje que más puede amarte también puede elegir el amor en medio de circunstancias difíciles e inesperadas.

—¿Por qué es tan difícil el amor? —preguntó ahora Madison.

—Está escrito: «Todas las cosas excelentes son tan difíciles como escasas».

»Tú anhelas un amor que sea excelente. Tras observar las relaciones de los demás, sabes que el amor que anhelas es escaso. Todo lo escaso es difícil. Si fuera fácil, sería común. Toda excelencia requiere rigor, disciplina y perseverancia, y por eso es tan escasa.

Daniel se fijó en un joven que intentaba llamar su atención. Estaba en el grupo con Madison, y Daniel se preguntó si estarían juntos.

—¿Cómo podemos ampliar nuestra capacidad de amar? —preguntó el joven.

Es una pregunta atractiva, pensó Daniel.

—Cada acto de autocontrol disciplinado aumenta tu capacidad de amar. Sube las escaleras en vez de tomar el ascensor. Escucha pacientemente cuando prefieras no hacerlo. Ayuda a tu hermano pequeño aunque te resulte incómodo. Sonríe con alegría a quienes te irritan. Toma un vaso de agua aunque quieras un refresco. Afronta tu trabajo con disciplina. Deja que otro decida qué hacer o dónde comer. Pasa por alto los rasgos molestos de las personas con las que vives y trabajas. Cállate cuando tu comentario aporte poco a la conversación. Levántate de la cama sin demora cada mañana. Deja el último bocado de algo delicioso. Niégate a ti mismo en pequeñas cosas para poder poseerte por completo. Así ampliarás tu capacidad de amar y ser amado.

Ezra dirigió la atención de Daniel hacia otra joven que quería hacer una pregunta. Daniel la invitó a hablar y ella preguntó:

—¿Qué más nos dirías a los que nos aventuramos por el mundo?

—Piensa en qué consiste realmente la vida. A lo largo de tu vida, la gente intentará convencerte de que esto o aquello es lo más importante. Pero la vida solo trata de una cosa.

» No se trata de qué marca de zapatos llevas. No se trata de las notas que sacas en la escuela. La vida no se trata de lo grande que es tu casa o en qué calle vives. La vida no se trata de qué marca de auto conduces. No se trata de qué equipo de fútbol o de béisbol apoyas. No se trata de si tu equipo gana. No se trata de si entraste al equipo de fútbol, o de si podrías entrar a él, o de qué posición ocupabas en el equipo. La vida no se trata de a qué universidad fuiste, o podrías ir, o a qué universidad irán tus hijos. La vida no se trata de esas cosas. La vida no consiste en el dinero. No se trata de poder o influencia. No se trata de la fama. No se trata de dónde vayas de vacaciones. No se trata de las etiquetas de tu ropa. No se trata de con quién saliste o con quién sales. Y no se trata de a quién conoces. La vida no se trata de esas cosas.

»La vida se trata del amor. Se trata de cómo amas y lastimas a las personas más cercanas a ti. Se trata de cómo te amas y te lastimas a ti mismo. Se trata de cómo amas y lastimas a la gente que se cruza en tu camino por un momento. La vida consiste en el amor.

La gente estaba callada, tranquila y quieta. Mientras reflexionaban, Madison, la hija del comerciante de vinos, retomó la conversación.

—Día tras día, te sientas en tu mecedora a conversar con gente de todo el mundo. ¿Qué descubres en esas conversaciones?

Daniel sonrió. Le encantaba entablar debates rigurosos con los jóvenes.

—A menudo son las cosas sencillas que pasamos por alto las que más importan al final. Seducidos por lo nuevo y lo complejo, condescendemos con las cosas sencillas que podrían salvarnos de todo tipo de penas y decepciones.

—¿Cuál es un ejemplo de una de esas cosas sencillas en relación con el amor y las relaciones? —insistió Madison en su exuberancia juvenil.

Daniel bajó la cabeza y suspiró de forma casi imperceptible. Sabía que su respuesta les parecería insatisfactoria a muchos.

—La amabilidad. Muchas situaciones negativas se evitan automáticamente si dos personas son amables entre sí. Piensa en todas las preguntas que la gente se hace sobre un posible cónyuge, y en lo que se nos olvida preguntar: ¿es una persona amable? ¿Tiene un corazón bondadoso? Dos personas amables siempre tendrán una mejor relación que dos personas desconsideradas. Al final, todas las relaciones se reducen a la amabilidad.

29. PREGUNTAS

A la mañana siguiente, cuando Daniel salió al porche, sus ojos se cruzaron con los de una joven. Era la primera de la fila y su belleza era impresionante. Su corazón se estremeció y algo se agitó en sus entrañas, tomándolo desprevenido. Era una agitación que no había experimentado en mucho tiempo.

Daniel se sentó en su mecedora y Sean invitó a su primera visitante a unirse a él en el porche. Al sentarse, una mariposa de luminosas alas lavanda se posó en su mano. Ella no se inmutó. Ni siquiera miró a la mariposa.

Era como si fuera la cosa más natural del mundo, y Daniel se sintió intrigado por ella de una forma totalmente nueva.

Se llamaba Sofía. Tenía el pelo largo, castaño oscuro, que le caía con gracia por la cabeza y los hombros. Sus ojos eran de color café chocolate y más profundos que el pozo más hondo. Daniel se perdió en sus ojos cuando ella empezó a hablar.

—No sé exactamente por qué vine aquí. Tengo tantas preguntas sobre la vida y sobre mí. Mis amigos y mi familia me dicen que pienso demasiado... —Sofía se interrumpió a mitad de la frase.

A Daniel le sorprendió lo segura de sí misma que parecía, pero se dio cuenta de que también estaba un poco nerviosa.

—¿Crees que la mayoría de la gente piensa demasiado, o muy poco? —le preguntó él.

Sofía intuyó que era una pregunta retórica. Daniel sonrió y ella correspondió a su sonrisa.

—¿Cómo sabes en qué tienes que pasar el día reflexionando? —le preguntó ella.

—Dijiste que tienes muchas preguntas sobre la vida y sobre ti. Las preguntas son un viejo y sabio maestro. Aprender a escuchar las preguntas que surgen silenciosamente en nuestros corazones es una habilidad vital por excelencia. Tus preguntas son la puerta de entrada a tu destino, y el destino no puede precipitarse. Deja que se despliegue ante ti y dentro de ti.

—¿Y si siguen surgiendo las mismas preguntas? —preguntó ella.

—Las preguntas importantes seguirán surgiendo hasta que nos ocupemos de ellas. Nuestras vidas son una respuesta íntima a las preguntas más importantes de la vida.

»Está escrito: «Sé paciente con todo lo que está sin resolver en tu corazón y trata de amar las preguntas mismas, como habitaciones cerradas y como libros que ahora están escritos en una lengua muy extraña. No busques ahora las respuestas, que no te pueden ser dadas porque no serías capaz de vivirlas. Y de lo que se trata es de vivirlo todo. Vive ahora las preguntas. Tal vez entonces, gradualmente, sin darte cuenta, vivas algún día lejano la respuesta».

»Atesora tus preguntas. Hónralas con paciencia. Es natural estar emocionado, pero no intentes precipitarte en las respuestas. Aprécialas. Mira a tu alrededor, asimílalo todo, respira profundo y bebe plenamente de las preguntas que surgen en tu corazón. Hace falta valor para explorar nuestras preguntas, paciencia para esperar las respuestas y sabiduría para vivir las respuestas que recibimos. El mundo no puede darte las respuestas que buscas. Las personas de tu vida no pueden responder estas preguntas por ti, ni siquiera quienes más te quieren. Cada pregunta es en sí misma una invitación a habitarte de formas nuevas y más profundas. Responder a estas preguntas es una labor del alma.

Los dos permanecieron en silencio y Daniel pudo ver cómo funcionaba la mente intrigante de Sofía.

—¿Cómo puedo profundizar en mis preguntas? —preguntó ella al cabo de unos minutos.

—Solemos pensar que responder las preguntas es un ejercicio mental, pero las preguntas de la vida solo pueden responderse con todo el ser. No se pueden responder solo con el pensamiento.

»Aprende a sentir tus preguntas. Cuando te planteas una pregunta, ¿dónde la sientes en tu cuerpo? ¿En la cabeza, en la garganta, en el pecho, en el corazón, en el vientre, en la ingle? ¿Cómo te hace sentir la pregunta? ¿Contenta, triste, frustrada, enojada, resentida, esperanzada, dudosa, temerosa, alegre?

»Del mismo modo, aprende a sentir las respuestas. Cuando recibimos una respuesta a una pregunta, la contrastamos con puntos de referencia: sentido común, experiencias pasadas, esperanzas y expectativas, enseñanzas de la sabiduría y nuestros valores y prioridades. Pero nuestros sentimientos son una función evaluativa altamente intuitiva. Siente tus respuestas. ¿En qué parte de tu cuerpo sientes la respuesta que recibes? ¿Qué emociones suscita esa respuesta?

»Este proceso puede ser incómodo. La transformación es incómoda. La vida está llena de misterio, y aprender a disfrutar de la incertidumbre de nuestras preguntas sin respuesta es el principio de la sabiduría.

—Has pensado mucho en esto, ¿verdad? —preguntó Sofía.

Daniel sonrió.

—Sí. Las preguntas son una de las realidades más consecuentes de nuestras vidas. Cuando fui por primera vez a las montañas, mi mente estaba llena de pensamientos e ideas tóxicas. Incluso mis preguntas estaban envenenadas. Pero con el tiempo, empecé a escuchar las preguntas más profundas que afloraban en mi corazón. Algunas habían estado ahí toda mi vida, y yo las había ignorado. Otras eran nuevas y frescas.

»Ahora me siento aquí todos los días y escucho las preguntas de otras personas. Vienen buscando respuestas, y a menudo las decepciono, porque mi misión no es dar respuestas fáciles a preguntas difíciles. Lo único que puedo hacer es mostrarles cómo pueden encontrar sus propias respuestas.

Los dos volvieron a quedarse en silencio. Los únicos sonidos en el aire eran el suave balanceo de las dos sillas, de un lado a otro, y el trinar de los pájaros posados en los cables del teléfono. Daniel no tenía prisa por que Sofía se fuera, pero intuía que Sean estaba dispuesto a que las cosas siguieran su curso.

—¿Te gustaría hablar del asunto que domina tu corazón? —preguntó Daniel.

—¿Qué quieres decir? —preguntó Sofía, repentinamente cohibida.

—Todos tenemos muchas preguntas, pero en un momento dado de nuestro viaje, según mi experiencia, lidiamos con una pregunta que se distingue de todas las demás.

Sofía se sintió emocionalmente desnuda. Era como si se hubiera corrido un velo entre ellos. La intuición de Daniel era correcta. Ella tenía esa pregunta, pero había estado tratando de explorarla con una conversación general. Daniel la estaba invitando a mantener una conversación más íntima, y ella empezó a dudar. Se preguntó por qué había empezado a sentirse así después de haberse sentido tan cómoda en su presencia al principio.

—Creo que el hombre con el que salgo está a punto de pedirme que me case con él —confesó—. Solo llevamos saliendo cinco meses y no estoy preparada para decidir si es la persona con la que quiero construir una vida.

A Daniel se le encogió el corazón de envidia. Tardó un momento en reconocer el sentimiento. No recordaba la última vez que había sentido envidia. Quería a Sofía para él, aunque había sido inconsciente de ello hasta ahora. En ese instante, se sumergió momentáneamente en el lado oscuro de su don. Sabía que podía alejarla de ese hombre, pero también sabía que ese no era su papel. Daniel creía que era un crimen espiritual robarle a alguien su único camino verdadero, pero ¿era ella su único camino verdadero?

Para recuperar la compostura, le preguntó a Sofía:

—Cuando piensas en esta situación, ¿qué pregunta se forma en tu mente y qué pregunta surge de tu corazón? Puede que ambas preguntas sean la misma, pero a veces son dos preguntas muy diferentes.

—Mi mente se llena de las muchas voces de familiares y amigos. «¿Qué le pasa a ella?», es la pregunta, y sé que es la pregunta equivocada. Mi corazón dice... bueno, ahora que lo pienso, no estoy segura de qué pregunta hace mi corazón —dijo en voz baja, un poco perdida en sus pensamientos.

—¿Qué crees que te dice eso? —preguntó Daniel.

—No estoy segura —respondió Sofía con nostalgia.

La conversación había cambiado. La tristeza había asomado de repente. Parecían soñar despiertos a la vez. Pasaron uno o dos minutos antes de que ella preguntara:

—Si tuvieras que resumir nuestra conversación sobre preguntas con una idea, ¿cuál sería?

Sus preguntas son diferentes, pensó Daniel. *Son brillantes e intrigantes.*

—Una idea —dijo él en voz baja, como si hablara consigo mismo, y luego hizo una pausa antes de decir—:Ama tus preguntas y ellas te amarán a ti.

Sofía sonrió. Estaba profundamente conmovida. La vida de Daniel se había integrado de tal manera que era capaz de desgranar sin esfuerzo la sabiduría de una conversación en una sola frase. Era una frase preciosa, una idea preciosa: ama tus preguntas y ellas te amarán a ti.

—Gracias —dijo ella mientras se levantaba. Él hizo lo mismo—. Te quité muchísimo tiempo, pero disfruté mucho del tiempo que pasamos juntos. —Extendió la mano y él se la estrechó. Sus manos eran suaves como la seda, quizá las más suaves que Daniel había tenido nunca en sus manos.

—Fue un placer conocerte —le dijo él, sin querer soltarle la mano, y ella se fue.

Mientras Sofía se alejaba, Daniel sintió dolor. Algo en él quería ir tras ella, invitarla a tomar un café. Se dio cuenta de que la estaba observando y de que Sean lo estaba observando a él. Sean le sonrió y Daniel se sintió cohibido. Era otra sensación desconocida.

Tras sentarse de nuevo en su mecedora, Daniel cerró los ojos, esperando, soñando, rezando para que sus caminos volvieran a cruzarse. Entonces esbozó una sonrisa profunda y satisfactoria. Hacía mucho tiempo que no pedía algo para sí mismo.

30. EL ESCALOFRÍO DEL DESTINO

Sofía fue al pueblo. La plaza estaba llena de vida. Los niños corrían y jugaban. Los adultos estaban sentados en los bancos, hablando y leyendo. Se sentó en uno de los icónicos bancos del parque que se habían convertido en un símbolo del pueblo. En el otro extremo estaba sentada una mujer de unos sesenta años. Era Leah, la esposa de Ezra.

—Hola —dijo Leah en un tono cálido y alegre.

—Hola —respondió Sofía.

—¿Estás de visita? —inquirió Leah para ser amable, aunque ya sabía la respuesta.

—Sí, llegué hace un par de días. Fui la primera en la fila para visitarlo esta mañana.

—¿Cómo te fue? —preguntó Leah.

—Increíble. No sé cuánto tiempo estuve en esa mecedora, pero durante ese tiempo, me hizo sentir como si yo fuera la única otra persona en el mundo —dijo Sofía, con los ojos vidriosos por el recuerdo.

Leah sonrió.

—Sí, él tiene ese efecto en la gente.

—Es un hombre muy especial, ¿verdad? —preguntó Sofía.

—Sí, realmente lo es. Al mundo le vendrían bien unos cuantos más como él.

—¿Lo conoces? —preguntó Sofía, girándose hacia Leah.

—Sí, lo conozco. Pero mi marido lo conoce mucho mejor que yo.

—¿Qué opina la gente de él aquí en el pueblo? —preguntó Sofía, dejándose llevar por la curiosidad y acercándose a Leah.

—Cada uno piensa en él a su manera, pero me he dado cuenta de que lo que la gente piensa de él suele decir más de ellos que de él —respondió Leah.

Profundo, pensó Sofía, y la admiración por Leah siguió creciendo en su corazón—. ¿Qué piensas de él? —insistió suavemente.

—Ezra y yo estuvimos hablando de esto la otra noche. Ezra es mi marido —explicó Leah—. La gente le ha dado tantos nombres a Daniel, y yo creo que es un profeta, pero por alguna razón, pienso en él como un filósofo. Un hombre sabio. Un amante de la sabiduría.

Sofía sintió un aleteo de esperanza en su corazón, y toda la sangre del cuerpo se le subió a la cara. *Amante de Sofía*, pensó, mientras sus mejillas enrojecían. *Ojalá*.

—Te estás sonrojando, mi niña. ¿Qué dije? —preguntó Leah.

—Filósofo. Amante de la sabiduría. Filo-Sofía —murmuró Sofía con nostalgia.

—¿Por qué te sonrojaste? —preguntó Leah, perpleja.

—Me llamo Sofía.

—¡Caramba! —exclamó Leah.

—Supongo que todas las mujeres se enamoran un poco de él —observó Sofía.

Leah sonrió.

—Sí, pero mientras hablabas, sentí que el escalofrío del destino me recorría por dentro.

31. EL AMOR REAVIVADO

Las semanas se convirtieron en meses y el pueblo encontró una nueva rutina. Algunos estaban encantados de que Daniel estuviera allí. Otros no. Las historias sobre él se extendieron por todo el país y por todo el mundo. Los medios de comunicación eran una presencia constante, a pesar de que Daniel se negaba a conceder entrevistas, y cientos de personas lo visitaban cada día. Venían buscando una respuesta a una pregunta, venían desesperados por curarse, y venían simplemente por curiosidad.

Ezra no podía hornear sus pasteles y galletas lo bastante rápido. Todo su ser irradiaba alegría.

—¡Ah, Daniel, qué cobarde fui al ignorar mi sueño todos estos años! Soy un hombre nuevo —le dijo un día a Daniel.

Leah estaba desayunando tarde con sus amigas, y ellas le comentaron:

—Ezra tiene un aspecto increíble. ¿Qué está haciendo? ¿Come diferente? ¿Hace ejercicio? Parece tan feliz.

—Es verdad —aceptó Leah, sonriendo—. Es increíble cómo perseguir un sueño cambia a un hombre. Lo conozco desde hace casi cincuenta años y nunca lo he visto tan feliz. Nunca ha tenido más energía, y es tan atento conmigo.

—¿Qué quieres decir? —indagaron sus amigas.

Leah se sonrojó, y las mujeres se inclinaron más cerca.

—Está bien, está bien. Se los diré, pero solo si prometen no decírselo a nadie. Nunca.

—Te lo juramos, Leah, ¡dínoslo! —exclamaron sus amigas, impacientes por oír lo que tenía por decir. Sabían que se trataba de algo bueno.

—Ezra cumplirá setenta años el mes que viene y hacemos el amor mejor que nunca. Cuando nos casamos, los dos éramos muy jóvenes y fue fabuloso, y luego llegó nuestro «apogeo sexual» según los expertos, y también fue fantástico. Pero se ha desatado en él algo que nunca había visto antes... y me gusta.

Sus amigas la miraron boquiabiertas.

—En fin, debo irme —dijo Leah despreocupadamente y con una sonrisa traviesa—. Ezra vendrá a almorzar a casa y quiero asegurarme de que tenga todo lo que necesita. —Luego se levantó, se despidió de sus amigas con un beso y se fue.

Las mujeres permanecieron sentadas, atónitas, mirándose unas a otras. En todos los años que habían conocido a Leah, nunca la habían oído mencionar ese tema. Jamás. Ni una sola vez.

Becca rompió por fin el silencio.

—¡Bien por ella! —y todas se rieron.

32. ADORANDO LA EFICIENCIA

Mientras salía el sol a la mañana siguiente, Sean estaba sentado en la cocina tomando café, y esperando a Daniel más temprano de lo habitual. Algo le preocupaba desde hacía un par de semanas.

—Buenos días, Sean.

—Buenos días, Daniel.

—Llegas temprano. ¿Todo va bien?

—¿Puedo hacerte una pregunta? —respondió Sean.

—La que quieras.

—Me preocupa que la gente tenga que esperar demasiado y me preguntaba si considerarías pasar menos tiempo con cada persona —aventuró Sean con cautela.

Daniel reflexionó en silencio durante un momento sobre lo que había dicho su amigo. Sean se había acostumbrado a esto y se limitó a esperar.

—Eres un buen hombre, Sean —dijo Daniel, reafirmándolo—. Tu preocupación por las personas que vienen a visitarme es pura, pero tenemos que recordar que no hay una manera «eficiente» de hacer esto. La vida es un lío y la gente es un lío.

»La razón por la que paso tanto tiempo con cada persona es porque necesito conocer sus corazones antes de poder hablarles a sus vidas. Hasta que no sé algo de su dolor y su alegría, no me siento con derecho a decir nada. Está escrito: «Nunca entiendes realmente a una persona hasta que consideras las cosas desde su punto de vista».

—Me siento mal por la gente que espera —explicó Sean.

—Lo entiendo —replicó Daniel—, pero no hay por qué sentirse así. La espera forma parte de la experiencia. Llevan una vida ajetreada en un mundo ruidoso, y es bueno que tengan la oportunidad de bajar el ritmo y reflexionar.

»Tú y yo somos hijos de una cultura de la eficiencia. Nos hemos pasado la vida intentando hacer las cosas más rápido. Muchas cosas pueden y deben ser más eficientes, pero otras nunca deben serlo. La amistad y la crianza de los hijos no son eficientes. El amor en sí mismo no es eficiente. Las relaciones prosperan en la despreocupación y la falta de tiempo: tiempo juntos sin una agenda. Cuando nos liberamos de las limitaciones de horarios y agendas, nos unimos de formas inimaginables. Si intentamos que esto sea eficaz, se convertirá en algo inauténtico e inhumano —concluyó Daniel.

Sean notó algo diferente en el tono de voz de Daniel. Al principio no pudo precisarlo, pero levantó la vista de su café y se encontró con los ojos de Daniel.

—Pareces especialmente apasionado por esto, Daniel —dijo Sean.

—Lo estoy.

—¿Por qué? —replicó Sean de forma reflexiva—. Es decir, entiendo las razones que compartiste, pero ¿hay algo más?

—Así es —respondió Daniel crípticamente.

Sean no lo presionó. Se limitó a esperar. Sabía que si esperaba con paciencia, Daniel compartiría lo que tenía en su corazón.

—Una vez me preguntaste si tenía miedo de algo —comenzó Daniel—. Tengo miedo de que me deshumanicen, de que no me vean como una persona viva. Esta es una de las razones por las que nunca me ha gustado que me digan ermitaño, curandero o profeta, porque esos apelativos son muy impersonales.

»Durante años he reflexionado largo y tendido sobre los problemas a los que nos enfrentamos como civilización. La conclusión a la que he llegado es que nuestra mejor oportunidad de evitar casi cualquier tipo de sufrimiento en este planeta es emprender un esfuerzo radical para humanizar de nuevo a la sociedad. Esto puede sonar complicado, pero en realidad es exquisitamente sencillo. Todo lo que requiere es que volvamos a tratar a las personas como tales. Si tratamos a cada persona como el ser humano increíblemente único que es, el odio, la violencia y la indiferencia dejarán de ser posibles.

»La mayoría de los problemas con los que luchan nuestros visitantes han sido causados por la deshumanización. Han sido deshumanizados por otros, o se están deshumanizando ellos mismos y ni siquiera son conscientes de ello. La pobreza de nuestra cultura se pone de manifiesto cada vez que las personas experimentan algo que las lleva a concluir: «No me siento tratado como un ser humano».

»Escuchar a las personas es una forma práctica de contribuir a su rehumanización. Cuando nos escuchamos unos a otros, esencialmente estamos diciendo: «Eres un ser humano único de valor infinito. Tú importas. Me interesas como persona, no solo por lo que puedes hacer por mí». Estar atentos unos a otros nos lleva más allá de la naturaleza transaccional de las relaciones modernas y nos ayuda a establecer vínculos humanos que dan vida.

»Al dedicar a cada persona todo el tiempo que necesita, aporto mi granito de arena a esta gran rehumanización. Tú haces tu parte tratando a cada persona con respeto y dignidad.

» Nuestro objetivo no es reunirnos con el mayor número posible de personas lo antes posible. Eso sería deshumanizante para todos: para ti, para mí y para nuestros visitantes. Se tarda lo que se tarda. Los que esperan pueden consolarse sabiendo que, cuando les llegue el turno, serán tratados con el mismo respeto que cada una de las personas que les han precedido.

Sean se sentó a reflexionar sobre lo que le había contado Daniel. No dejaba de asombrarle su claridad y sabiduría. Daniel tomaba su café, comía una tostada y se preguntaba qué le esperaba hoy.

33. LA PREOCUPACIÓN DE UN PADRE

Mientras Daniel estaba sentado en su cocina imaginando el día que le esperaba, su padre entraba a Ezra's a tomar un café. Los dos viejos amigos se sentaron en su rincón favorito y se pusieron a hablar.

—Es interesante, Ezra —comentó el padre de Daniel—. Hace solo unos meses lo llamaban vagabundo peligroso, y ahora lo honran como un gran sanador y un profeta moderno.

—Sí —respondió Ezra—. Tememos lo que no entendemos, y cuando no entendemos algo, nos apresuramos a etiquetarlo.

—Exacto —afirmó el padre de Daniel.

—Pareces preocupado —le dijo Ezra a su viejo amigo.

—Lo estoy.

—¿Por qué? —inquirió Ezra.

—Su madre está preocupada por su seguridad. Me preocupa que la gente lo esté enalteciendo para luego derribarlo. Parece que la gente disfruta con el ascenso y la caída de los demás. Hoy es un profeta, ¿quién sabe cómo lo llamarán la semana que viene?

—Mmm —murmuró Ezra con complicidad, y los dos hombres permanecieron sentados mientras los clientes iban y venían.

—¿Qué podemos hacer al respecto? —preguntó finalmente Ezra.

—Me temo que muy poco. Él está siguiendo el llamado de su alma, y ningún buen padre interferiría en eso.

34. EL VIEJO YO Y EL NUEVO YO

Era verano otra vez, y los días eran más calurosos y largos que nunca. Y la gente seguía llegando. Daniel estaba sentado en su mecedora, desinteresado del mundo que lo rodeaba, completamente absorto en la persona que ocupaba la otra mecedora, fuera quien fuese.

Cada día hablaba con la gente de sol a sol. A Sean y Ezra les preocupaba que se esforzara demasiado, aunque nunca se enfermaba y rara vez parecía cansado.

—Ojalá comiera más —le dijo Ezra a Sean.

—Desde el principio intenté que se tomara un descanso para comer, pero no quiere —respondió Sean—. Una vez me dijo: «Está bien, Sean, pero tal vez podrías traerme de la cocina una de las galletas de avena con pasas de Ezra». Así que ahora le llevo galletas y un vaso de limonada todos los días al mediodía y se las dejo en la mesita junto a su mecedora. Algunos días se las come, pero la mayoría no.

Una noche, antes de irse a la cama, Daniel miró por la ventana a toda la gente que dormía en su jardín. Cada día llegaba más gente. Algunos se quedaban en el hotel, pero muchos acampaban en su jardín.

Su antiguo yo se habría apresurado a hablar con todos ellos. Se habría pasado la noche en vela conversando con ellos. Su nuevo yo comprendió que la espera les ayudaba a prepararse. Su nuevo yo también sabía que pasar la noche en vela conversando con ellos no era sostenible.

Sobre todo, era consciente de que había recibido un don y era responsable de protegerlo. Esto significaba honrar su propia humanidad y atender sus necesidades legítimas. Sabía que ese era el secreto para servir con poder y mantener la alegría.

Tras mirar a la multitud, susurró una oración por aquellas personas que habían venido de tantos lugares con el corazón lleno de esperanza y anhelo. Luego Daniel se acostó y se fue a dormir.

35. PREGUNTAS MUY PERSONALES

Los días se convertían en semanas, y las estaciones iban y venían. En invierno, Daniel se sentaba en la mecedora con mantas que le cubrían los hombros. Sean insistía en las mantas, y Daniel había dejado de resistirse a los cuidados de quienes lo rodeaban. No le gustaba el bullicio, pero había aprendido a entregarse y a recibir con amabilidad.

La gente iba y venía, cada uno con una historia única. Cada persona buscaba respuestas personales a sus preguntas personales. Y, sin embargo, surgieron temas, y las luchas de muchas personas eran similares.

—¿Me sigue queriendo mi marido?

—¿Cómo voy a salir de esta deuda?

—Tengo cáncer.

—Perdí mi trabajo hace dos semanas, pero no sé cómo decírselo a mi cónyuge.

—Mi hija se niega a hablar conmigo.

—¿Debería volver a la universidad?

—Me siento perdida.

—Soy adicto a los medicamentos con recetas.

—¿Debería casarme con él?

—Soy muy infeliz en el trabajo, pero ¿puede alguien de mi edad cambiar de profesión?

—Estoy enferma. Muy enferma. Pero no se lo he dicho a mi familia.

—¿Cómo puedo ser mejor padre?

—Estoy preocupada por mis nietos.

—Deseo desesperadamente tener un bebé, pero parece que no puedo quedar embarazada.

—Creo que mi mujer tiene una aventura.

—Perdí mi trabajo hace seis meses y ahora la gente me trata como a un leproso. No saben qué decirme, así que me evitan.

—¿Cómo me reconcilio con mi hijo?

—De niña abusaron sexualmente de mí y ahora no permito que nadie se me acerque.

—Tengo una gran oportunidad, pero requeriría que nos mudáramos, y mi marido ni siquiera lo considera.

—Estoy cayendo en una depresión cada vez más profunda.

—Enterré a mi hijo la semana pasada y creo que nunca me recuperaré.

—Me siento tan sola.

—No sé qué hacer con mi vida. Tengo un trabajo maravilloso, pero no me siento realizado. Soy demasiado joven para ser tan infeliz.

—Estoy ansiosa todo el tiempo.

—Ya nada tiene sentido.

A Daniel le dolía el corazón por cada persona que se sentaba a su lado en la mecedora. Había aprendido muy pronto que todas y cada una de las personas de este mundo llevan una carga pesada. Pero la gente no lleva un cartel que anuncie su carga.

Este descubrimiento amplió sus horizontes de bondad, amabilidad y empatía. Sabía que si no podía dar nada más a la gente, al menos podía darles esto.

—¿Qué dirías que busca la mayoría de la gente, Daniel? —le preguntó su padre una noche.

—La mayoría de la gente simplemente intenta encontrarle sentido a la vida, papá. Sus vidas no funcionan, y lo saben por naturaleza, pero no saben qué hacer al respecto — respondió—. Se centran en la mayor carga que llevan, pero la mayoría de las veces esas cargas son síntomas de la disfunción subyacente de sus vidas y de la sociedad.

Y aunque Daniel sabía que estos problemas eran muy reales y causaban gran estrés y sufrimiento a la gente, también era muy consciente de que los más necesitados no podían visitarlo. Esto le molestaba.

Aun así, sabía que estaba haciendo lo que estaba llamado a hacer, donde estaba llamado a hacerlo, por ahora. Y no daba por sentado que mucha gente pasa por este mundo y no se siente así ni un solo día.

36. PRISIONERA DE LA AMBICIÓN

Daniel abrió los ojos para hablar con su siguiente visitante y vio que Melissa Mayer, la periodista, estaba sentada en la otra mecedora. Le sonrió cariñosamente, y estaba claro que eso la incomodó. No le sorprendió verla. Sabía que vendría tarde o temprano.

—Lo siento —dijo ella torpemente pero sin fingir.

—¿Por qué? —preguntó Daniel.

—Por todo.

Daniel intuyó que ella estaba realmente arrepentida y que sufría una angustia de culpabilidad.

—Me siento muy mal por lo que te hice —continuó Melissa.

—¿Fue tu intención hacerme daño? —preguntó Daniel.

—No.

—¿Qué crees que te movió a hacerlo?

—La ambición —confesó con sorprendente conciencia y honestidad—. Estaba muy ansiosa por tener éxito. Algo dentro de mí sabía que era una historia única. Algunos de mis instintos dieron en el clavo, pero otros no.

—No pasa nada, Melissa. Ten en cuenta que tu culpa es inútil a menos que permitas que se convierta en algo más significativo.

—No estoy segura de entender —respondió.

Ahora era el turno de Melissa Mayer para sorprenderse.

La franqueza de Daniel fue penetrante.

—La culpa tiende a buscar el castigo —explicó él.

—¿Por qué? —preguntó ella.

—Anhelamos enmendar nuestro mal.

—Ahh —suspiró ella con complicidad.

—Sientes que hiciste algo malo y, en consecuencia, te sientes culpable. Llevas tiempo cargando con esa culpa y viniste aquí para enmendarla.

»La culpa es siempre una encrucijada. Puede ser una puerta de entrada a la conciencia, o podemos obsesionarnos con lo que hemos hecho, encerrarnos en nuestra culpa, utilizarla como excusa para no crecer, y fijarnos en la idea de que merecemos un castigo, en lugar de ver nuestra culpa como una señal que nos indica el verdadero camino.

—¿Hacia dónde nos dirige la culpa? —preguntó ella.

—Cuando la culpa evoluciona hacia el remordimiento, empiezan a surgir preguntas. ¿Qué significa esto? ¿Por qué ocurrió? ¿Qué lección hay aquí para mí? ¿De qué manera estos acontecimientos me invitan a vivir de otra manera? Estas preguntas son un indicio del verdadero progreso.

Pasó un rato antes de que Melissa preguntara lo que su vergüenza necesitaba saber.

—¿Estás enojado conmigo?

—No, no estoy enojado contigo —dijo Daniel, sacudiendo la cabeza con simpatía—. Pero aunque lo estuviera, no importa. Es tu culpa la que te hace esa pregunta. Puede que tu culpa quiera incluso que me enoje porque prefiere ser castigada a tomar el otro camino. El castigo es más fácil que la transformación.

Melissa asintió con fervor. Sabía que Daniel tenía razón. Estaba describiendo exactamente lo que había ocurrido en su corazón.

—Sabía lo que hacías y por qué lo hacías —continuó Daniel—. Puede que yo fuera más consciente de lo que hacías que tú. Pude verlo porque hice cosas al servicio de la ambición cuando trabajaba en Wall Street. Sé lo que es ser prisionero de la ambición. Lo que olvidamos es que la ambición es una forma de agresión y, a menos que seamos conscientes de ello, la gente saldrá herida.

Hizo una pausa antes de continuar.

»Las cosas suceden por una razón, Melissa. A veces hacen falta años, incluso décadas, para que esas razones se revelen. Necesitaba bajar de las montañas. Era el momento. Si no hubieras contado la historia, quizá me hubiera quedado en las montañas varios años más. Podría haberme quedado allí para siempre, y ese no era mi destino. Lo sabía entonces y lo sé ahora.

—¿Cómo puedes ser tan amable y comprensivo? —preguntó ella, desconcertada, con lágrimas en los ojos.

—La aceptación de los demás nace del conocimiento de uno mismo. Sé lo que he hecho, sé lo que he dejado de hacer y sé lo que soy capaz de hacer si las circunstancias conspiran para desencadenar la oscuridad dentro de mí. Conocer estas verdades sobre mí mismo destierra el juicio y da lugar a la compasión, la dulzura y la comprensión.

—Gracias —dijo Melissa con gran sentimiento.

—No hay de qué. Sé amable contigo misma. Somos mucho más frágiles de lo que creemos.

Empezó a levantarse para irse y Daniel le dijo:

—¿No te olvidas de algo?

—¿Qué quieres decir? —preguntó Melissa, sorprendida por la pregunta.

—¿No querías preguntarme otra cosa?

—Sí. Pero no puedo hacerlo. No me parece bien después de todo por lo que te hice pasar.

—Esa es tu culpa prefiriendo de nuevo el castigo a la transformación —le recordó Daniel.

—¿Cómo sabías que quería preguntarte algo más? —preguntó Melissa.

—Tuve un sueño sobre tu visita.

Melissa se sorprendió. Tardó un momento en ordenar sus pensamientos. Miró a Daniel, luego al suelo y después a las montañas del horizonte. Le tembló el labio inferior cuando empezó a hablar.

—A mi marido y a mí nos gustaría mucho tener un hijo, pero...

Empezó a llorar.

—Todo va a salir bien —la tranquilizó Daniel mientras se inclinaba hacia adelante en la silla y le tomaba las manos. Ahora estaban sentados rodilla con rodilla y él le susurró:

—Cierra los ojos.

Ella lo hizo y él continuó:

—Vete a casa esta noche y hazle el amor a tu marido como si fuera la primera vez, la última, la única—. Luego cerró los ojos y empezó a murmurar muy débilmente.

Cuando terminó, Daniel le apretó las manos casi imperceptiblemente, se levantó y le sonrió. No dijo nada más, y Melissa tampoco. Bajó los escalones y, al pasar junto a Sean, pareció entrar en trance.

37. LAS RESPUESTAS ESTÁN ADENTRO

Era ya muy tarde aquel martes por la noche cuando Daniel terminó de reunirse con la gente. Entró por la puerta principal, atravesó la casa y salió por la puerta trasera. Cruzó el patio trasero, se escabulló por la verja y caminó por el sendero hacia la plaza del pueblo.

A lo lejos, vio una luz encendida en la cafetería de Ezra. Parecía tarde para que hubiera alguien allí.

Al asomarse por la ventana, vio a Leah y a Ezra al fondo de la tienda y golpeó suavemente el cristal. Ambos se giraron y sonrieron al unísono.

—¿Cómo estás, amigo mío? —dijo Ezra, radiante, mientras abría la puerta.

—Estoy bien, gracias —respondió Daniel—. Está muy tarde.

—Ya me iba —dijo Leah mientras besaba suavemente a Daniel en la mejilla.

Daniel sonrió mientras observaba la tienda.

—Este lugar se ve increíble, Ezra. Debes de estar muy orgulloso.

—No sé si orgulloso, pero estoy trabajando más duro que nunca, soy más feliz que nunca, me siento más realizado de lo que jamás creí posible, y estoy muy, muy agradecido.

—Me alegro, amigo, me alegro —dijo Daniel pensativo.

—¿Tienes hambre? —preguntó Ezra.

Daniel estaba a punto de decir que no por costumbre cuando se sorprendió a sí mismo.

—En realidad, tengo un poco de hambre, Ezra. El aroma de la cocción debe de haberme abierto el apetito.

—Ven, deja que te dé de comer —dijo Ezra, haciendo señas a Daniel para que se acercara a la cocina.

—Me sentaré contigo mientras comes, y podremos conversar.

—Muy bien —dijo Daniel.

Ezra le preparó un sándwich de aguacate, tomate y brotes, le sirvió un pedazo de pastel de manzana y se sentaron en el rincón favorito de Ezra. Hablaron de los viejos tiempos y de cómo habían cambiado las cosas. Ezra se preguntó cómo le iría a Daniel con su nueva vida, y Daniel le contó que, en cierto modo, era la época más satisfactoria de su vida. Ezra sabía que la elección de palabras de Daniel guardaba la sombra de su difunta esposa e hijas.

Después de que Daniel comiera y Ezra terminara su copa de vino, los dos hombres permanecieron en silencio, dejando pasar el tiempo sin darse cuenta. Estaban tan cómodos en compañía del otro que ninguno sentía la necesidad de hablar.

Fue Ezra quien finalmente rompió el silencio.

—Daniel, ¿puedo hacerte una pregunta sobre el trabajo que haces con la gente que viene de visita?

—Por supuesto, la que quieras.

—Te he oído decir muchas veces que las respuestas que la gente busca ya están dentro de ellos. Pero si eso es cierto, ¿por qué vienen a verte? Quiero decir, la gente viene hasta aquí, algunos viajan miles de millas, esperan durante horas o días, ¿y luego tú les dices que las respuestas ya están dentro de ellos? —preguntó Ezra, desconcertado por la ironía.

Un hilo de tristeza cruzó el rostro de Daniel. Era muy leve. Alguien que no lo conociera no lo habría percibido.

—Es porque nunca les han enseñado a sentarse solos en el aula del silencio y escuchar la suave voz interior —explicó Daniel—. Nunca les han enseñado a afirmar su inmensa capacidad para el bien y, en consecuencia, carecen del valor necesario para perseguir sus destinos.

—¿Esta voz interior es tu conciencia? —preguntó Ezra, acercándose.

—Es eso, y mucho más que eso —continuó Daniel—. También es la voz de la conciencia profunda. Es la mejor versión de ti mismo hablándote. Es la voz del Espíritu Divino dentro de ti.

»Es un don asombroso, pero a pocos se les enseña a aprovecharlo. Todo lo contrario. A la mayoría se nos dice que lo ignoremos en favor de otras voces.

»Así que, cuando la gente viene a visitarme, su voz interior se ha debilitado tanto, y su confianza en esa voz es tan débil, que han perdido el rumbo. Soy un tonto comparado con la sabiduría de sus propios corazones. Por eso, cualquier idea que comparto con ellos es simplemente para ayudarles a reorientar sus vidas mientras aprenden a escuchar de nuevo la suave voz de su interior.

Daniel se dio cuenta de que la curiosidad de Ezra no estaba del todo satisfecha.

»Déjame hacerte una pregunta, amigo mío.

—¡La que quieras! —convino Ezra.

—Cuando miras atrás en tu vida, ¿te arrepientes de algo?

La cara de Ezra cayó muy ligeramente, sus hombros se curvaron, y exhaló un largo y laborioso suspiro.

—Sí. De algunas cosas. Más de las que nunca pensé. Con algunas he hecho las paces, pero aún me cuestiono sobre otras cuando estoy cansado y solo.

—Reflexiona conmigo sobre otra cuestión —dijo Daniel—. ¿Son estos remordimientos el resultado de escuchar la voz interior o de ignorar esa voz?

Ezra iba a responder y luego se detuvo, tragando saliva, y un momento después una lágrima resbaló por su viejo rostro y fue a posarse en la arruga más profunda de la parte inferior de su mejilla. Hubo un tiempo en que Daniel se habría sentido cohibido por hacer llorar a un amigo, pero había aprendido que las lágrimas pueden ser tremendamente curativas.

—Cuando miro atrás en mi vida, veo con inquietante claridad que sabía cuál era el mejor camino en cada una de esas situaciones, pero ignoré la verdad que poseía en mi corazón —confesó Ezra.

—Y cuando has tenido el valor de vivir tu vida de acuerdo con la voz interior, ¿te has arrepentido alguna vez? —preguntó Daniel.

Ezra negó con la cabeza.

—Yo tampoco —afirmó Daniel—. Tomamos decisiones tontas y sacamos excusas, pero nunca nos detenemos a reconocer que todos los remordimientos de la vida nacen de ignorar la suave voz interior.

—¿Cómo aprendiste a escuchar tu voz interior? —preguntó Ezra.

—Bueno, es importante recordar que cuando éramos jóvenes la oíamos con claridad, nos dejábamos guiar por ella y experimentábamos una alegría sin paliativos.

»Pero el mundo está lleno de voces y, a medida que pasa el tiempo, empezamos a ignorar la voz interior. Cuanto más la cuestionamos, dudamos de ella y la ignoramos, más se debilita, hasta que un día se vuelve tan débil que tenemos que esforzarnos para oírla.

»Nos pasamos el resto de la vida intentando recuperar esa suave voz.

—Entonces, ¿no necesitamos que nos enseñen tanto como que nos animen a sintonizar con ella de nuevo? —preguntó Ezra.

—Exactamente. Mi padre creía firmemente en esto. Cuando era niño, cada vez que le preguntaba si podía hacer algo o comprar algo, me preguntaba: «¿Qué dice la voz que hay en ti?». Yo odiaba esa pregunta, pero así aprendí una de las lecciones más valiosas de la vida. E incluso de adulto, cuando le pedía consejo, lo primero que me decía era: «¿Qué te dice tu voz interior?». Cuando me hice mayor, dejé de escuchar a mi padre. Empecé a prestar demasiada atención a todas las demás voces de este mundo. Dejé de escuchar la voz interior, cometí muchos errores y, como resultado, hice daño a la gente y me hice daño a mí mismo.

—¿Hubo otras personas que te animaron a escuchar esa voz? —preguntó Ezra.

—Claro, profesores y entrenadores, y mi madre, por supuesto. Y de vez en cuando, acababa en la mecedora junto a Charlie. Ahora me doy cuenta de que acudía a Charlie en busca de respuestas de la misma manera que la gente viene a mí ahora. Él me decía: «¿Qué te dice tu corazón, chico?». Eso también me molestaba. Hubo veces en que me fui de aquel porche tan enojado y resentido, sobre todo cuando era adolescente, porque sabía que él sabía lo que debía hacer, pero no me lo decía.

Ezra estaba fascinado. Nunca había oído a Daniel hablar de estas cosas. Eran como piezas de un rompecabezas que le ayudaban a comprender cómo Daniel se había convertido en el hombre que tenía delante.

—Mi paso por Wall Street no ayudó. Rápidamente quedé hipnotizado por todo lo que fuera grandioso y me volví adicto a la afirmación externa, lo cual hizo posible que yo fuera seducido y manipulado por mucha gente de muchas maneras. Pero la providencia trajo a Jessica a mi vida, y su presencia me ayudó a reorientarme.

Una expresión apareció en el rostro de Daniel. Ezra la había visto antes. Era una combinación de recuerdos, añoranza y angustia.

Pasó un momento antes de que Daniel volviera a hablar. Su rostro estaba atormentado por el dolor.

»Dios mío, extraño a mi mujer —susurró mientras empezaba a llorar en voz baja. Era como un grito de auxilio del Libro de los Salmos. Ezra acercó su silla, rodeó a Daniel con el brazo y dejó que llorara en su hombro.

Cuando Daniel terminó de llorar, no se disculpó, ni pareció avergonzado o cohibido en modo alguno.

»Luego me fui a las montañas —continuó Daniel—. Allá arriba no había distracciones. Por primera vez en mi vida, me encontré ineludiblemente cara a cara conmigo mismo. Durante los primeros meses, me invadieron la autocompasión y la rabia.

» El dolor no se parecía a nada que hubiera experimentado antes. Iba mucho más allá del dolor físico. Iba más allá de la angustia mental. Me dolía literalmente el alma. Era dolor del alma.

»Pasó el tiempo y el dolor empezó a dar paso a una tristeza que me desgarraba el alma. Estaba tan desorientado que no sabía si prefería el dolor o la tristeza. Pero fue entonces cuando la voz interior empezó a resurgir con una claridad seductora. Fue... refrescante. Fue como encontrarme conmigo mismo por primera vez.

»Pasaba horas cada día sentado en una gran roca junto a un lago, reflexionando sobre mi vida y escuchando los misterios que resonaban en mi corazón. El sufrimiento me había conectado por fin con mis sentimientos. Toda mi vida había pensado mucho, pero había sentido poco. Me sentaba y dejaba que mis sentimientos afloraran a la superficie: ira, depresión, miedo, resentimiento, tristeza, ansiedad, soledad, pena. A medida que cada sentimiento salía a la superficie, me sentaba con él, a veces durante días, dejando que siguiera su curso, permitiendo que se agotara.

—¿Cuándo empezaron a cambiar las cosas para ti? —preguntó Ezra.

—Recuerdo el momento. Estaba sentado en aquella roca y empezó a llover suavemente en el otro extremo del lago. Las nubes oscuras se movían en mi dirección, y la lluvia se abría paso poco a poco a través del lago hacia mí. La primera gota de lluvia que cayó sobre mi cara fue como el estruendo de un trueno. Me despertó. Pensé que me había alcanzado un rayo. Pero a medida que la lluvia seguía cayendo, me empapé y luego… alegría. La pura alegría del momento presente. Inmerso en esa experiencia, dejé de lado mi pasado y mi futuro y permití que el momento me abrazara con fuerza. En ese instante, supe que iba a sobrevivir al crisol al que me había arrojado la vida. Y me dio algo que creía haber perdido para siempre: la esperanza.

38. UN SERVICIO NOBLE

Alrededor de la hora del almuerzo, un par de días después, Sean se acercó a Daniel, que había cerrado los ojos para ordenar sus pensamientos. Cuando los abrió, esperaba encontrar a su próxima visita, pero Sean estaba sentado frente a él.

—¡Eres tú, Sean! —exclamó Daniel.

—Sí, señor —respondió él.

—¿Por qué sigues llamándome así? Te pedí que no lo hicieras.

—Lo sé, pero es lo menos que puedo hacer —explicó Sean. Era famoso por estas respuestas sin respuesta.

—¿Qué tienes en mente? —preguntó Daniel.

—La gente del pueblo tiene muchas cosas de las que le gustaría hablar contigo — dijo tímidamente el irlandés—, pero se sienten extraños haciendo fila para hablar con un hombre al que conocen desde que era un niño.

Daniel sonrió:

—¿Qué sugieres que hagamos?

—Bueno, llevo unos días dándole vueltas a la cabeza: tal vez podríamos invitarlos aquí un domingo por la tarde a una pequeña reunión.

—¡Es una gran idea! —exclamó Daniel, con más entusiasmo del que Sean esperaba—. Hagámoslo el domingo siguiente. ¿A quién podríamos pedir ayuda con la planificación?

—Yo me encargaré de eso —dijo Sean con entusiasmo.

Daniel miró a su amigo con simpatía.

—Sean, ¿puedo preguntarte algo?

—Lo que quieras.

—Estás aquí casi todos los días, atendiendo a la gente que viene de visita: ¿por qué lo haces? ¿Por qué has seguido con ello? ¿Qué ha significado para ti?

Sean frunció el ceño mientras buscaba las palabras adecuadas.

—Bueno, ha sido una época encantadora de mi vida. Aquí, sirviendo a sus visitantes en tu jardín delantero, he encontrado el significado y la plenitud que he estado buscando toda mi vida.

—¿Por qué crees eso? —preguntó Daniel.

—Está escrito: «La mejor manera de encontrarse a uno mismo es perderse en el servicio a los demás», respondió Sean.

—Has estado escuchando a escondidas —bromeó Daniel, y ambos se rieron. Daniel sabía que desde donde Sean pasaba sus días, podía oír casi todo lo que se decía en el porche.

—Sé que podrías organizar la reunión —continuó Daniel—. Pero piensa en lo que describiste, Sean. Esta es una oportunidad para invitar a otros a participar de esa alegría.

»Está escrito: «Nuestra necesidad de dar es mucho mayor que la necesidad de recibir de los demás. Su necesidad de recibir es obvia; nuestra necesidad de dar está oculta. Y por desesperada que parezca su necesidad de recibir, nuestra necesidad de dar es aún más desesperada».

—Entendido —respondió Sean. Era una de las cosas que a Daniel le encantaban: que era breve y directo.

—Perfecto —dijo Daniel—. Y gracias, Sean. Esto va a ser maravilloso.

Mientras bajaba las escaleras, Sean le sonrió a la siguiente invitada de Daniel, una joven de unos veinte años, pero ella no le devolvió la sonrisa. La invitó a pasar al porche para que conversara con Daniel y, al mirarla más de cerca, le pareció que cargaba con el peso del mundo.

Sentada en la mecedora junto a Daniel, empezó a llorar.

39. HACIENDO PREPARATIVOS

A la mañana siguiente, Daniel estaba sentado en la cocina preparando un desayuno ligero cuando llegó Sean. No estaba solo. Con él estaba el alcalde del pueblo, Tony DiCarlo.

—Me alegro de verte, Tony. ¿Cómo estás?. —Daniel lo saludó cordialmente.

—Estoy bien, gracias a Dios —respondió Tony. Terminaba casi todas sus frases con «Gracias a Dios».

—Estábamos contando historias de cuando eras niño, Daniel —compartió Sean.

—¿Es cierto? ¿Alguna favorita? —preguntó Daniel.

Sean miró a Tony, quien comenzó a contar una historia, y luego todos contaron otras.

—La vez que pusiste fuegos artificiales en el buzón y estropeaste tu boletín de notas.

—La vez que jugaste en el barro con todos tus juguetes y tu madre te dijo que los lavaras, así que decidiste lavarlos en la taza del inodoro, pero no halaste la cadena. Entonces tu madre se pasó una semana preguntándose de dónde venía el olor de la casa.

—Y la vez que quisiste ver cómo era la gente que hablaba por la radio, y entonces abriste el aparato con un destornillador.

—Luego estaba la multitud de niñeras a las que fastidiabas.

—Y nos preguntábamos... ¿cuántas pelotas de béisbol batearon Javier y tú a través de las ventanas de Charlie?

Cuando terminaron con esta letanía de recuerdos, Tony y Sean sonreían de oreja a oreja. Tras sacudir la cabeza, Daniel ofreció a los hombres café y las deliciosas pastas que Ezra había dejado antes del amanecer.

—Sean me ha estado hablando de la reunión que están organizando para la gente del pueblo. Es muy amable de tu parte. Gracias a Dios —comentó Tony.

—Es la gente del pueblo la que ha sido amable —insistió Daniel.

—Dinos lo que estás pensando, Daniel. Hemos reunido a un pequeño grupo de voluntarios y nos encargaremos de todo —continuó Tony.

—Estaba pensando que hacia las cuatro de la tarde dejaría de recibir visitas y organizar el jardín delantero. Así tendríamos un par de horas para dejarlo todo listo y prepararnos para recibir a la gente a las seis.

—Pero ¿dónde irá la gente que aún espera verte a las cuatro? —preguntó Sean, siempre atento a los visitantes a su cargo.

—Esperaba que Tony pudiera visitar al señor y a la señora Langston en el hotel y confirmar que el domingo sigue siendo la noche con menos huéspedes. Suponiendo que así sea, cualquiera que esté en el prado a las cuatro será invitado a alojarse en el hotel. Yo correré con los gastos.

—¡Maravilloso! Gracias a Dios. Me pasaré por el hotel a primera hora —confirmó Tony.

—Tony, ¿podrías hacer una cosa más, por favor? —preguntó Daniel.

—Por supuesto. ¿De qué se trata?

—Pídele a Ezra que venga a visitarme en algún momento de esta semana. No es urgente. Por favor, asegúrate de que lo sepa. No quiero que venga corriendo ahora que esté más ocupado.

—Lo haré —dijo Tony, tomando una galleta más mientras se levantaba para irse.

Daniel estaba emocionado. «Es agradable tener algo que esperar», susurró en voz baja para sí mismo mientras se dirigía al porche y se acomodaba en su mecedora una vez más.

40. LA DEPRESIÓN

Aquella noche, mientras Daniel estaba sentado leyendo y reflexionando en la sala, su mente volvió una y otra vez a la última conversación que había mantenido aquel día con una mujer de Nueva York cuya hija luchaba contra la depresión. Su conversación lo había transportado a las semanas posteriores al accidente, cuando había caído en una profunda desesperación.

—Me llamo Laura Kilpatrick —dijo presentándose—. Mi hija ha estado luchando contra la depresión estos últimos cuatro años y quiero ayudarla a toda costa. He leído mucho sobre el tema y hablado con muchos expertos, pero siento que necesito una nueva perspectiva, una idea rompedora, algo que replantee la conversación.

El aire de la noche había refrescado más de lo habitual, y Daniel era consciente de que no quería hablar de su propia lucha contra la depresión en las montañas. Se había preguntado sinceramente si era porque no quería que la conversación versara sobre él, o si era demasiado dolorosa.

En cualquier caso, había intentado estar totalmente presente ante Laura. Y ahora, su mente seguía recordando su conversación.

—Una idea innovadora. Reformula la conversación —había dicho Daniel, repitiendo las palabras de Laura, como si hablara consigo mismo—. Estas ideas demuestran que no has perdido la curiosidad sobre lo que es y lo que no es la depresión. Esa apertura es esencial para el tipo de ruptura que estás buscando.

»Hace un año vino a verme un psiquiatra —continuó Daniel—. Me preguntó por nuevas formas de abordar a los pacientes con depresión. Le sugerí que reflexionara sobre tres cuestiones: si estuviera tratando al primer paciente que presentara síntomas de depresión, ¿qué le preocuparía? ¿Es la depresión una enfermedad o un síntoma? ¿Cómo trataría a los pacientes si no dispusiera de medicación?

»No estaba sugiriendo que dejara de tomar medicación. Simplemente estaba sugiriendo que estas preguntas podrían conducir a nuevas ideas.

»Si hay una idea necesaria para replantear la conversación en torno a la depresión, puede que sea que la depresión no es un mal funcionamiento humano. Es una mensajera. Consideramos la depresión como un indicio de que algo está mal, cuando en realidad puede caracterizarse mejor como un indicio de que algo va bien. La depresión es la prueba de que todos los intrincados sistemas de tu interior funcionan. Es una alarma que suena en tu interior, advirtiéndote de que no todo está bien y de que es necesario hacer ajustes.

»O tal vez la idea rompedora gira en torno a la pobreza de sentido en nuestra sociedad. Nuestra cultura ha dejado de lado el significado y la sustancia en favor de la apariencia y el entretenimiento. El daño colateral que este cambio ha causado en nuestras vidas es trascendental. No podemos vivir vidas llenas de sentido llenándolas de cosas y actividades sin sentido.

»Y puede que la creciente depresión de la sociedad sea el resultado de la ira y el resentimiento colectivos que sentimos ante el sinsentido que se nos sirve a diario. Este sinsentido omnipresente nos corroe el alma y hace que la gente se enoje, sean conscientes de ello o no. Si se ignora esa rabia durante mucho tiempo, fermentará y estallará en ira. Esto puede explicar toda la rabia que estamos presenciando en la sociedad.

Daniel hizo una pausa. Laura estaba fascinada. Le hubiera gustado grabar la conversación. Pero mientras volvía a su ciudad en tren esa noche, reflexionó sobre algunas de las ideas que había compartido Daniel:

«La depresión siempre intenta compartir un mensaje profundo sobre nuestras vidas y en quiénes nos estamos convirtiendo».

«La depresión es una manifestación de necesidades insatisfechas. Es una forma de preguntar: ¿qué necesidades no están cubiertas en tu vida?»

«La gente lleva décadas aullando a la luna sobre los efectos adversos de la comida chatarra. Sí, la comida chatarra nos enferma físicamente, pero las "ideas chatarra" enferman nuestras mentes y los "valores chatarra" enferman nuestras almas. El problema fundamental de la comida chatarra es que no satisface nuestras necesidades nutricionales. Las ideas chatarra no satisfacen nuestras necesidades intelectuales y psicológicas, y los valores chatarra no satisfacen nuestras necesidades espirituales. Toda esta basura está pudriendo nuestros cuerpos, mentes y almas, y nos deja hambrientos.

«Cuando ignoramos lo que más importa en favor de lo que es trivial y superficial, siempre habrá consecuencias. Estas consecuencias son simplemente recordatorios de quiénes somos, cómo funcionamos mejor y los cambios que necesitamos hacer».

«La depresión es la respuesta más adecuada a algunas situaciones de la vida».

«A veces, la depresión está causada por un desequilibrio químico en nuestro cerebro, pero no dedicamos suficiente tiempo a explorar las causas que subyacen a ese desequilibrio químico ni qué cambios en nuestro estilo de vida podrían restablecer el tan necesario equilibrio».

«Cuando te deprimes, es una indicación de que todo tu ser —corazón, mente, cuerpo y alma— está intentando llamar tu atención y alertarte sobre un problema».

«Quizá el desequilibrio esté en la forma en que vivimos nuestras vidas».

Mientras el tren de Laura entraba a la Estación Grand Central, Daniel estaba sentado en la sala de su casa, recordando la conversación que habían mantenido ese mismo día. Empezó a examinar su propia vida. Sabía que no podía seguir haciendo lo que hacía indefinidamente, y esto lo llevó a reflexionar sobre sus propias necesidades insatisfechas y los ajustes que necesitaba hacer en su propia vida.

41. LA GRATITUD DE EZRA

Cuando Daniel salió por la puerta principal a la mañana siguiente, Ezra estaba esperándolo.

—¿Qué haces aquí? —dijo Daniel jovialmente—. ¡Esta es la época de más trabajo en tu cafetería!

Ezra ignoró los comentarios de Daniel y, señalando la mesita que había junto a su mecedora, le dijo:

—Te traje una bolsa de galletas de avena y pasas, con doble porción de canela, exactamente como te gustan.

—Eres tan bueno conmigo, Ezra. Gracias.

—¿En qué puedo ayudarte, Daniel?

—Ah, sí... ¿te contó Sean de la reunión que estamos planeando?

—Es una idea maravillosa. Todos están muy entusiasmados —respondió Ezra.

—Quiero hacer todo lo posible para que se sientan bienvenidos, y asegurarme de que todo el mundo tenga un gran tiempo. Así que esperaba que pudieras preparar una selección de tus maravillosos sándwiches, pasteles, galletas y bebidas. Infórmale a Sean sobre los costos. Son mis invitados y quiero cubrirlo todo.

Ezra se rio.

—Esa gente tiene razón.

—¿Cuál gente? —preguntó Daniel, perplejo.

—Los que dicen que eres un lunático, que perdiste la cabeza en las montañas.

Daniel sonrió y asintió mientras Ezra continuaba:

»Yo nunca te cobraría, Daniel. ¿A ti? ¿Al hombre que me dio el valor para perseguir mi sueño tan tarde en la vida? ¿Cobrarte? Jamás. Todo será como deseas, amigo mío.

—Eres un hombre obstinado, Ezra Abrams. ¿Qué diría tu Moisés sobre desobedecer a un profeta? —bromeó Daniel.

Ezra replicó:

—¿Qué diría tu Jesús con respecto a no aceptar amablemente los regalos que se te ofrecen por amor y respeto?

Daniel sonrió, su sonrisa se convirtió en una carcajada y, tomando a Ezra en sus brazos, lo abrazó y le susurró al oído:

—Te quiero, hermano. Gracias por tu bondad.

Ezra bajó los viejos escalones blancos y caminó decidido por la calle hacia la plaza del pueblo. Le encantaba caminar. Eso le daba tiempo para pensar. Esa mañana, su mente estaba sumida en pensamientos sobre lo mucho que había cambiado su vida en los últimos dos años.

«¿Por qué yo?». Al principio, Ezra era incapaz de ignorar esa pregunta. Lo confundía. Pero con la ayuda de Daniel, había hecho las paces con ella. Era un don y un misterio, y había aprendido que si te obsesionas con intentar descifrar los misterios, te pierdes la oportunidad de disfrutarlos.

42. ANTICIPACIÓN

Durante los días siguientes, la noticia de la reunión iluminó a todo el pueblo. La expectación era visceral. Dondequiera que fueras, la gente hablaba de ello. Tony, Sean y Ezra recibieron un aluvión de preguntas sobre lo que podían esperar esa noche.

El miércoles anterior a la reunión, Sean se acercó a Daniel.

—Hay mucha especulación sobre lo que la gente debería esperar el domingo.

—Es su noche —respondió Daniel—. Podemos hacer lo que quieran. Esto es para ellos. Podemos mezclarnos en el prado, puedo reunirme con las personas de una en una, podemos tener una conversación en grupo, o podemos socializar y oír música y bailar.

—La gente tiene muchas preguntas —respondió Sean, retorciéndose las manos con nerviosismo—. Sería bueno dejarles plantear temas y hacer preguntas en grupo.

—Genial, eso es lo que haremos entonces —confirmó Daniel—. Corre la voz para que las personas tengan unos días para pensar sobre lo que les gustaría discutir.

43. UNA NOCHE DE INSOMNIO

La noche anterior a la reunión, Daniel permaneció despierto preguntándose qué podía esperar de la gente del pueblo en el que había crecido. Sabían casi todo lo que había que saber sobre su vida, por lo que debía de resultarles extraño ver cómo los acontecimientos de los dos últimos años se desplegaban en las calles de su pueblo natal.

Todos los días entraba y salía gente nueva. Mucha gente. Daniel se preguntó cuánta animosidad tácita habría hacia él por haber transformado su pueblo pequeño y tranquilo en una comunidad repleta de gente y actividad.

Se habían creado muchos puestos de trabajo, los negocios prosperaban y todo ello proporcionaba más dinero en impuestos para sus escuelas, carreteras y hospitales. Pero Daniel sabía que había otros que maldecían los cambios que su presencia había traído al pueblo. Parecían no querer o no poder reconocer el tremendo bien que se estaba haciendo a tanta gente.

«¿Por qué no va a visitar a la gente en vez de hacer que todos vengan a él? Dejemos que el circo vaya de pueblo en pueblo y minimicemos los trastornos en nuestras vidas», había oído refunfuñar a un hombre.

Cuando salió el sol, Daniel seguía despierto. Le encantaban los domingos por la mañana. Comenzaba sus rutinas matutinas antes de dirigirse a la plaza del pueblo. Después de ir a la iglesia, se sentaba en su mecedora y conversaba con la gente hasta las cuatro.

A esa hora, Sean le recordaba a la gente lo que había anunciado ese mismo día y el anterior. La gente recogía sus cosas y se dirigía al hotel. Se había dispuesto un autobús escolar para llevar a los enfermos y a los ancianos.

En el hotel los recibieron con un refrigerio.

—¿Cómo puedo ayudar? —le preguntó Daniel a Ezra.

—Puedes ayudar entrando y descansando. Será una gran noche.

Estoy cansado, pensó Daniel, y decidió subir a hacer una siesta antes de que llegaran sus invitados.

Una vez que la multitud se hubo dispersado, Ezra y un equipo de personas empezaron a prepararlo todo. En cuarenta y cinco minutos, el patio delantero de Daniel había cobrado vida de una manera totalmente nueva.

El jardín estaba cubierto de sillas y mesas. Había manteles verdes azulados y servilletas blancas. El camino estaba bordeado de farolitos y las mesas del banquete rebosaban de apetitosas comidas y bebidas con hielo. A medida que el sol se ocultaba, el patio delantero de Daniel se iluminaba con un resplandor azafrán.

44. UNA NOCHE DE VERANO

Daniel había caído en un sueño profundo. Se sintió aturdido cuando empezó a despertarse al oír voces afuera. Se levantó, se bañó, se vistió y bajó a recibir a sus invitados.

La gente del pueblo empezó a llegar poco antes de las seis, y en quince minutos casi todos los habitantes del lugar estaban en el patio delantero de Daniel. El jefe de policía había cerrado la calle por los dos extremos para garantizar la privacidad y la seguridad de los residentes.

Daniel se mezclaba entre la multitud, dando la bienvenida a la gente y asegurándose de que todos tuvieran algo para comer y tomar.

—¿Qué te sirvo? —preguntó Ezra a Daniel.

—No te preocupes por mí, Ezra. Vamos a asegurarnos de que todos los demás tengan lo que necesitan.

—Ya hemos atendido a todos, Daniel. ¿Qué puedo ofrecerte? —presionó Ezra.

—Mmm... está bien. Gracias. Sorpréndeme.

—Fantástico. Te traeré un vaso de limonada de durazno que hice hoy. Es exactamente lo que necesitas para una tarde de conversaciones —dijo Ezra y sonrió. Su entusiasmo era contagioso.

Empezó a alejarse, pero se detuvo. Tras darse vuelta, se acercó a Daniel, le puso una mano en el hombro y le susurró al oído:

—Será una velada maravillosa. Disfrútala. Todo va a salir bien.

Daniel asintió con la cabeza y Ezra fue a buscarle una copa. *Hasta los profetas necesitan ánimos de vez en cuando*, pensó Ezra. Sabía que a Daniel no le gustaba que lo llamaran profeta, y solo se refería a sí mismo de ese modo en broma, pero Ezra también había visto de primera mano lo que Dios había hecho a través de él.

Cuando dieron las siete, Daniel se dirigió a lo alto de los escalones blancos que conducían al porche delantero. No tuvo que llamar la atención de la multitud, que se calló al verlo subir.

Sus invitados se reunieron a su alrededor, formando un anfiteatro íntimo y natural. Los niños se sentaron adelante, con sus inocentes rostros expectantes. La presencia cálida y acogedora de Daniel atrajo a la multitud. Al mirar a aquellos hombres y mujeres que había conocido toda su vida, una serie de recuerdos se agolparon en su mente como fuegos artificiales. Sonrió, y todo su rostro irradiaba alegría.

—Bienvenidos, amigos míos. Gracias por venir. Mientras subía ahora estas escaleras hasta el porche de Charlie, no pude evitar pensar en él.

»¡Qué velada tan maravillosa! —anunció Daniel con los brazos extendidos, como si quisiera abrazar a todo el pueblo—. Al mirar a mi alrededor, veo caras... tantas caras conocidas. También veo recuerdos de momentos compartidos. Algunos deliciosamente ordinarios, otros extraordinarios. Algunos fabulosos, otros tristes y trágicos. Pero estos recuerdos nos unen como comunidad.

»Charlie estaría contento de que estemos esta noche aquí. Ojalá estuviera con nosotros. —Al oír esto, los ojos de Daniel se llenaron de lágrimas. No parecía que fuera a llorar, pero entonces, una sola lágrima escapó de su ojo izquierdo y resbaló por su mejilla.

»Extraño a mi amigo —confesó Daniel entre lágrimas—. Representaba todo lo bueno de nuestro pueblo, así que, beban lo que beban, levanten su copa y brindemos por un hombre al que todos conocimos y quisimos.

Tras levantar su copa en el aire, Daniel aclamó:

»¡Por Charlie!

—¡Por Charlie! —respondió la multitud con entusiasmo.

—Gracias. Quiero agradecer especialmente a nuestros amigos, Sean, Tony y Ezra por todo lo que han hecho para reunirnos esta noche.

La multitud estalló en un aplauso espontáneo. Los que estaban alrededor de los tres hombres les estrecharon la mano, y Daniel notó que sus esposas se la estrechaban un poco más.

Daniel hizo una pausa, dejando que el momento se desarrollara plenamente. Era una de las muchas lecciones que la naturaleza le había enseñado en las montañas.

Luego, aclarándose la garganta, continuó:

»Muchos de ustedes me conocen desde que era un niño. Esta noche es para ustedes, y espero que podamos hablar de lo que les dicte el corazón.

La gente aplaudió de nuevo, y Sean se dirigió a la escalera que conducía al porche de Charlie.

—Sé que muchos de ustedes tienen temas que les gustaría plantearle a Daniel. Sugiero que los presentemos de uno en uno. ¿Quién quiere empezar?

45. EL SENTIDO DE LA VIDA

Dimitri era la persona más vieja del pueblo. Todos le decían el viejo griego. Él mismo se llamaba a sí mismo el viejo griego. Esta noche estaba sentado al fondo del grupo, observando la escena, y ahora, poniéndose en pie, empezó a hablar.

—Mi querido amigo, gracias por invitarnos a tu casa. Nos honras con tu hospitalidad y generosidad. Llegué de Grecia a este país cuando era niño, hace más de ochenta años, y este pueblo me acogió y me cuidó, del mismo modo que ha cuidado a mi familia durante varias generaciones. He visto crecer aquí a mis hijos y a sus hijos. Y ahora tengo la suerte de ver a mis bisnietos disfrutar de este sitio que llamamos hogar.

»Existe la creencia generalizada de que eres un profeta. No sé si es así. He pensado mucho en ello y he llegado a la conclusión de que si lo eres o no, no me importa. Lo que sé es que se te ha dado una gran sabiduría, que Dios ha sanado y consolado a muchas personas a través de ti, y que te comportas con humildad y disciplina. Está escrito: «Por sus frutos los conoceréis». Como puedes ver, ya no soy un hombre joven, y tal vez estoy empezando a divagar, así que permíteme ir al grano. *Háblanos del* SENTIDO DE LA VIDA.

—Gracias, mi viejo amigo —dijo Daniel en respuesta—. Has sido un amigo para mi familia y para este pueblo. Tus palabras me honran, pero tu presencia nos honra a todos. Este es un gran tema para comenzar nuestra conversación de esta noche, porque la respuesta a todas las demás preguntas tendrá sus raíces en esta pregunta fundamental: ¿cuál es el sentido de la vida?

»Todo lo que es sano tiende hacia la máxima expresión de sí mismo. Tu propósito esencial es convertirte en la mejor versión de ti mismo. Esta es la tarea central de tu vida.

»Este propósito nos anima. Literalmente, nos infunde vida. Este principio único aporta claridad a todos los aspectos de nuestra vida y ayuda a responder muchas de nuestras preguntas. ¿Cuál es la cualidad esencial de la amistad? Un buen amigo te anima y te reta a ser una mejor versión de ti mismo. ¿Cuál es la cualidad esencial de la buena comida, de un libro que conmueve el alma y de la música que eleva? Que contribuyen a tu máxima expresión.

»Todo tiene sentido en relación con tu propósito esencial. Si tu vida no tiene sentido, has perdido la conexión entre tu actividad diaria y tu propósito esencial. Algunas cosas te ayudan a ser una mejor versión de ti mismo y otras no. Acepta las que te ayudan y rechaza las que no. Así es como vivimos este principio a cada momento de cada día. No necesitas que nadie te dé una lista. En algún lugar de tu interior, es algo que ya sabes.

»La vida consiste en elecciones. Construimos nuestras vidas de elección en elección. Nos construimos a nosotros mismos con nuestras elecciones. El momento de la decisión es el lugar de influencia que dirige nuestras vidas.

»Deja que esta pregunta sea tu guía: ¿qué camino te ayudará a convertirte en la mejor versión de ti mismo? Y en los momentos de duda y confusión, piensa que todo lo que no te ayude a convertirte en la mejor versión de ti es demasiado pequeño para ti.

»Las mentes modernas son escépticas, incluso cínicas, ante la idea de que nuestra existencia pueda tener algún significado y propósito universales. La cultura popular se burla de la frase «el sentido de la vida». Así que no debería sorprendernos que la vida de muchas personas esté marcada por la desesperanza. Cuando perdemos la conexión entre nuestra actividad diaria y el gran sentido de la vida, la desesperación puede llegar gradualmente, pero es inevitable.

»Te lo repetiré: tu propósito esencial es convertirte en la mejor versión de ti. ¿Puede esta sola idea cambiar tu vida? Sí. Al igual que la Estrella Polar guía a los marineros a casa, este concepto te guiará a través de las muchas estaciones de la vida. Coloca esta idea en el centro de tu vida. Toma cada decisión con tu propósito en mente. Te sorprenderá lo rápido que este concepto empieza a transformarte a ti y a tu vida.

»La vida no consiste en hacer o tener. Se trata de llegar a ser. En quién te conviertes es infinitamente más importante que lo que haces o lo que tienes.

La multitud estaba inmóvil y en silencio. Daniel se dio vuelta hacia Dimitri y el viejo griego le sostuvo la mirada. Los dos hombres se miraron profundamente a los ojos, antes de que Dimitri asintiera levemente. El respeto mutuo era palpable y se había establecido el tono para una noche épica de conversación.

46. LA CUESTIÓN DE DIOS

La gente ya se había acomodado. La serena dirección de Dimitri y los tonos tranquilizadores de la voz de Daniel habían disipado cualquier inquietud. El rabino fue el siguiente en hablar.

—Daniel, admiro tu trabajo y sabes que te respeto, pero debo preguntarte sobre el punto que acabas de exponer, ya que es fundamental para cualquier otra pregunta y cualquier otra respuesta.

El público se sobresaltó, presintiendo tensión, pero no la había. Había humildad en la voz del rabino. No hablaba para que lo oyeran: deseaba sinceramente entender lo que decía Daniel.

»Nuestra discusión no ha hecho más que empezar —continuó el rabino— y no quiero analizar tu primera respuesta, así que, por favor, acepta mi pregunta con el espíritu con el que se presenta. No es un espíritu de desafío o crítica, sino un espíritu que busca comprender más claramente lo que compartes con nosotros.

Daniel asintió y sonrió afirmativamente al rabino, extendiendo su mano derecha. —Continúa, por favor.

—Está escrito: «Ama al Señor tu Dios con todo tu corazón, con toda tu alma y con todas tus fuerzas», —dijo el rabino—. A mi pueblo le han enseñado desde que éramos niños que este es el propósito de la vida. ¿No estás de acuerdo?

El pastor estaba junto al rabino y Daniel vio que asentía pensativo.

—Tu mente se siente naturalmente atraída por el sexto capítulo del Deuteronomio —comenzó a responder Daniel—. Sin duda, la mente del pastor se siente atraída por el capítulo veintidós de Mateo, donde se le pregunta a Jesús cuál es el mayor mandamiento. Él responde citando el Deuteronomio: «Amarás al Señor tu Dios con todo tu corazón, con toda tu alma y con toda tu mente». Y añade: «Este es el primero y el mayor de los mandamientos». Y el segundo es semejante a este: «Ama a tu prójimo como a ti mismo».

—En efecto —respondió el rabino—. Me estás leyendo el pensamiento, Daniel.

La voz de Daniel era suave pero firme. Hablaba con autoridad, y el poder de sus ideas era persuasivo, pero se desprendía de la necesidad de convencer a todos. Era como si estuviera sosteniendo un puñado de joyas finas y preguntara: «¿Les gustaría alguna de estas?».

—Planteas una cuestión importante, rabino Joshua, y te lo agradecemos. Tu pregunta nos lleva a otra cuestión crucial: ¿cuál es la mejor manera de amar a Dios?

»El rabino Zusya reflexionó una vez: «En el mundo venidero, no me preguntarán: "Zusya, ¿por qué no fuiste más como Moisés?". Me preguntarán: "Zusya, ¿por qué no fuiste más como Zusya?". El mundo no necesita otro Moisés ni otra Madre Teresa. No necesita otro rabino Zusya ni otro Francisco de Asís. El mundo te necesita a ti.

»Lo mejor que puedes hacer por tus seres queridos, por los desconocidos que se cruzan en tu camino, por el mundo entero e incluso por los que nacerán en el futuro, es convertirte cada día en una versión mejorada de ti mismo. No puedes hacer esto y no crecer en carácter y virtud. No puedes crecer en carácter y en virtud y no amar profundamente a Dios y al prójimo. ¿Hay mejor manera de amar a Dios que ser todo lo que Él te creó para ser?

»Lo que le dices a tu gente, rabino, y lo que el pastor le dice a su gente, y lo que yo estoy diciendo no son incongruentes. Pero cuando miro a mi alrededor, veo judíos, cristianos, musulmanes, hindúes y budistas, ateos y agnósticos. Mi vocación es hablar a todos de una manera que permita a cada persona dar el siguiente paso en su viaje personal. Mi misión es tejer la red más amplia posible, para que el mayor número posible de personas pueda participar de estas grandes verdades.

»Confío en que puedas traducir lo que estoy diciendo a tu propia tradición, y que el pastor y los demás aquí presentes puedan hacer lo mismo.

El rabino levantó la palma de la mano en señal de reconocimiento a Daniel y dijo: —Gracias, amigo mío. El Espíritu de Dios está contigo.

Y los que estaban cerca del rabino oyeron que este le decía al pastor en voz muy baja:

—Verdaderamente, este hombre es un profeta enviado por Dios a la gente de nuestro tiempo.

47. LA GRATITUD

La multitud estaba ahora silenciosa y reflexiva.

El aire era cálido y pesado, y otra voz surgió de entre la multitud. Era George, la tendera. Su nombre completo era Georgina, pero todos en el pueblo le decían cariñosamente George. Era la mujer más impresionantemente hermosa en cien millas a la redonda, incluso a sus sesenta y dos años.

Todos sabían de inmediato el tema que Georgina le plantearía a Daniel. Era legendaria por la pregunta que hacía a todos los clientes, todos los días, en su tienda de comestibles: ¿por qué estás agradecido hoy?

—Toda mi vida he observado la diferencia que marca la gratitud en la vida de una persona —dijo Georgina con alegría.

»*Háblanos de la* GRATITUD.

—Todo es un regalo —empezó Daniel—. Venimos a este mundo sin nada, y la vida nos prodiga tantos regalos.

»La alegría es el fruto del agradecimiento. El agradecimiento es la meditación ordinaria e interminable sobre todo lo que es bueno, verdadero y bello en nuestras vidas. Cuando reconocemos y disfrutamos de las personas, los lugares, las cosas, las experiencias y las oportunidades que la vida nos prodiga, nuestro corazón estalla de alegría. Y de esta meditación brota el inmenso agradecimiento de la gratitud.

»Tenemos tanto por lo que estar agradecidos: el agua fresca, el contacto humano, la luz del sol, la ropa, el trabajo, la salud, la comida, la amistad, la naturaleza, el aprendizaje, la familia, la música, los libros, el arte, nuestros cuerpos, el aire fresco, un lugar al cual llamar hogar, los baños calientes y los arroyos fríos, la risa, las flores, los animales, los profesores, los médicos, las enfermeras, el baile, las playas, el ocio, el sueño, la capacidad de pensar y soñar, la libertad, los regalos inesperados, los desconocidos amables, las sillas cómodas, las hojas de otoño, el primer beso, las endorfinas, los recuerdos, la inspiración, la educación, las mecedoras... ¡y el chocolate! —dijo Daniel con una sonrisa, y la gente se rio entre dientes.

»Toda relación se deteriora cuando nos damos unos a otros por sentados. Estamos en relación con la familia y los amigos, pero también con la naturaleza, los sentidos y todas las oportunidades que nos brinda la vida. Cualquier tonto puede apreciar la salud cuando está enfermo o a su amada cuando ya no está. El gran reto de la vida es mantenerse despierto y consciente. Aprecia tu salud cuando estés sano; no esperes a estar enfermo. Para el alma altamente consciente, eminentemente consciente, la vida se convierte en una letanía de gratitud.

»Fue la gratitud lo que me rescató de mi pena, depresión y autocompasión en las montañas. Me habían despojado de todo. No fue hasta que empecé a estar agradecido por las cosas más pequeñas que volví a la vida. Y fue entonces cuando me di cuenta de lo mucho que había dado por sentado durante toda mi vida.

»Cuando soy desagradecido, me vuelvo irritable, inquieto y descontento.

»Cuando no estoy en estado de gratitud, la única forma de ser feliz es que todo salga como yo quiero. Eso me deja luchando con todo el universo y con todos los que lo componen, tratando de imponer mi voluntad, de estirar el tejido de la realidad, lo que, por supuesto, es una tarea de tontos. Pero cuando estoy agradecido, nada me molesta. Es imposible ser agradecido e infeliz al mismo tiempo.

»La gratitud es el principal indicador de la salud espiritual y emocional. Ser desagradecido es estar desconectado de la realidad, y la negación de la realidad es una forma de enfermedad mental, por leve o grave que sea.

»La sabiduría de los opuestos es siempre reveladora. ¿Qué es lo contrario de la gratitud? ¿La ingratitud? No. Lo contrario de la gratitud es un monstruo de ocho cabezas. Las ocho cabezas son: la creencia de que se tiene derecho a algo, descortesía, ignorancia, preocupación por uno mismo, falta de respeto, mal humor, desprecio e ingratitud. La ingratitud es una mentalidad tóxica que pudre el alma.

»La gratitud, por el contrario, tiene un gran poder. Destierra esa creencia de que se tiene derecho a algo y da paso al empoderamiento. Pocas cosas alterarán tu estado espiritual más rápido que la gratitud. Más que una idea, la gratitud es una forma de vida. Cambia la forma en que nos sentimos con nosotros mismos, con la vida y con los demás. Es una disposición que altera la mente incluso en medio de las circunstancias más difíciles de la vida y una parte esencial de una dieta psicológica equilibrada.

»¿Por dónde empezar entonces? Por las personas de tu vida. Es magnífico que te aprecien. Hay ocho mil millones de personas en este planeta, y sospecho que 7.900 millones de ellas se acuestan cada noche hambrientas de una palabra sincera de agradecimiento.

»La gratitud puede transformar por sí sola una relación, porque dos personas agradecidas siempre tendrán una relación mejor que dos personas desagradecidas.

»La gratitud es una forma superior de conciencia, una manera de anclarnos en el momento presente y en la eternidad simultáneamente. Es una forma de inclinarse y mostrar la reverencia adecuada por la vida.

48. EL CRITICÓN

Daniel miró a la gente. Sus rostros estaban radiantes. Nunca había visto a un grupo de personas tan quietas y calladas, y sabía que era un momento único que debía ser valorado. Pero esa paz se vio interrumpida de repente por unas palabras duras y maliciosamente crueles. Y Daniel volvió a tener presente que las palabras pueden ser una forma de violencia.

Alguien que estaba en un extremo de la multitud empezó a gritar:

—¡Eres un charlatán! Puede que los tengas engañados, pero puedo ver a través de ti. Todo esto es un circo y me niego a participar en semejante farsa.

El hombre se abría paso entre la multitud hacia el final de la escalinata. Luego, dando la espalda a Daniel, se dirigió a la multitud:

—¿Por qué se dejan engañar tan fácilmente? ¿No ven? Este hombre es un fraude, un impostor, un farsante. ¿Olvidaron lo que hizo en Wall Street, viviendo del duro trabajo de otros, sin producir nada él mismo, sino beneficiándose como un rey?

Era Steve, el pesimista del pueblo. El escéptico, el cínico, el crítico local de todas las cosas. La mayoría de las comunidades tienen al menos uno. Un autoproclamado rey de un reino inexistente.

Varias personas trataron de silenciarlo, pero Daniel levantó una mano y dijo:

—Déjenlo. Permítanle hablar.

—No necesito tu falsa magnanimidad —espetó Steve con resentimiento, dándose vuelta para encarar a Daniel—. Puede que seas capaz de engañar a toda esta gente, pero a mí no puedes engañarme. ¿Cuánto tiempo vamos a permitir que continúe este circo? —gritó, dándose vuelta hacia quienes lo rodeaban.

»Este hombre...

—Tiene un nombre —interrumpió alguien en voz alta.

—Se llama Daniel —añadió alguien más.

—Este hombre se apoderó de nuestro pueblo —continuó Steve, ignorándolos—. Arruinó nuestro tranquilo y pacífico rincón del mundo. Cada día viene más gente aquí en busca de los consejos de este charlatán.

—¿Y todo el bien que ha hecho? —gritó alguien.

—¿Cuál bien? respondió Steve—. Los está engañando. Se hace llamar profeta. ¡Vaya chiste!

—Nunca se ha llamado a sí mismo profeta —interpuso alguien.

—¿Quién te nombró para juzgarlo y representarnos? —gritó otra persona.

Steve negó con la cabeza.

—Alguien tiene que velar por ustedes, tontos. Estoy aquí para protegerlos de ustedes mismos —respondió con resentimiento.

—¿Qué te cualifica para ese ilustre cargo? —desafió el alcalde.

—Siempre he tenido un gran sentido de la justicia —anunció Steve con jactancia—, y tengo la sensación de que lo que está ocurriendo aquí está mal y hace más daño que bien.

Daniel permaneció en silencio.

Cuando Steve empezó a hablar, el instinto del público fue proteger a Daniel. Pero ahora se daban cuenta de que Daniel no necesitaba protección. Prestó toda su atención a Steve.

A medida que Steve continuaba hablando, la rabia de la gente hacia él se disipaba y se convertía en compasión comunitaria. Empezaron a verlo como lo que era: un hombre profundamente infeliz.

En ese momento, Ezra recordó algo que le había dicho Daniel cuando empezó a llegar la multitud: «Sé amable con todos los que vienen aquí. Todos los que encontrarás aquí llevan una pesada carga. Tal vez nunca conozcamos su carga, pero estamos llamados a recibirlos amablemente y ayudarlos en todo lo que podamos. La gente será grosera. Violarán el espíritu de este lugar. Te frustrarán y te harán enojar. Pero recuerda que a menudo son los más irrespetuosos los que más necesitan nuestro respeto. A menudo son los más ofensivos los que tienen las heridas más profundas».

Ezra se preguntó qué le habría pasado a Steve para que eligiera ese camino. Se preguntó qué dolor le había causado una herida tan profunda.

Steve siguió despotricando durante unos minutos más, y la gente empezó a perder interés, pero Daniel no. Se mostró tan atento y respetuoso como lo había sido con Dimitri, Georgina, el rabino, el pastor y con todos los demás.

—¿Qué tienes que decir en tu defensa? —preguntó finalmente Steve a Daniel con rabia.

Daniel no respondió inmediatamente. La impaciencia corría ahora por las venas de Steve y se burló de Daniel, gruñendo:

—¿Qué pasa? ¿No tienes nada que decir, profeta?

Un momento de silencio se hizo pesado en el aire antes de que Daniel hablara. No había ira en su voz. Era tranquila y respetuosa.

—Es evidente que estás muy enojado, Steve, pero no creo que tenga nada que ver conmigo. Aunque creo que es bueno que explores esa ira, y si esto te ayuda, estaré encantado de servirte de saco de boxeo. Pero sospecho que buscas nuevos sacos de boxeo dondequiera que vayas.

—¿Cómo te atreves...? —se enfureció Steve, interrumpiendo a Daniel.

Daniel levantó la mano, diciendo:

—Te dejé hablar, lanzándome todo tipo de insultos y acusaciones, y no te interrumpí. Te agradecería la misma cortesía.

Javier recordó algo que le había dicho Daniel unas semanas antes: «Mucha gente cree que eres débil si eres amable y gentil. Ven la humildad y la generosidad como debilidad. Nada más lejos de la realidad. Toda virtud requiere una tremenda fuerza interior para sostenerse». Ahora que estaba de pie en el porche de la antigua casa de Charlie, la asombrosa fuerza de Daniel estaba en plena exhibición.

»Me acusas de ser un payaso y de que mi vida es un circo —continuó Daniel—. Llamas a esto una farsa y a mí un fingidor e impostor. Tal vez pienses que eres un impostor. ¿Tal vez crees que tu propia vida es una broma?

Ofendido, Steve lo intentó interrumpir de nuevo, pero como antes, Daniel levantó la mano, endureció la voz y Steve retrocedió.

»Si quisiera engañar a la gente, mi pueblo natal es el último lugar al que habría venido. Volví aquí porque sabía que la gente de este lugar me mantendría con los pies en la tierra. Conozco mis dones y los peligros que conllevan, siendo el orgullo el primero de ellos. Suele ser lo que se interpone entre nosotros y una vida mucho mejor. Conozco mi humanidad, mis debilidades y mi quebrantamiento. Y cuando llegué a casa supe que la gente de este pueblo me protegería del mundo y de mí misma.

»Está escrito: «Un profeta no es bienvenido en su propio pueblo».

»Esto es una prueba más de que no soy un profeta, pues nunca me he sentido más bienvenido en ningún lugar de mi vida, especialmente desde que volví de las montañas.

»Dices tener un gran sentido de la justicia y te declaras defensor de la verdad, y sin embargo, sabes muy bien que nunca me he proclamado un profeta.

La voz de Daniel seguía siendo tranquila, y aunque estaba compartiendo verdades difíciles, no había malicia en su tono.

»De todo lo que ha ocurrido aquí esta noche, tu actuación se parece más a un circo. Te he visto ahí toda la noche, acechando en las sombras, inquieto y esperando tu momento. Viniste aquí esta noche para confrontarme. Lo tenías todo planeado en tu mente. Pero ahora que tuviste tu momento, ¿te sientes contento y satisfecho? Creo que no. ¿Cuándo fue la última vez que te sentiste contento y satisfecho?

»Steve, te conozco de toda la vida, y creo que nunca te he visto feliz más de una hora. No importa lo que esté pasando en este pueblo, siempre sabías mejor y sentías que era tu deber señalar los problemas. Si pidieras a las personas que mejor te conocen que te describieran, sospecho que dirían que eres irritable, inquieto y descontento.

»Está escrito: «Juzga al árbol por sus frutos». ¿Qué pasa con el fruto que se da en esta época de mi vida? Parece que tus críticas se centran mucho en ataques personales y poco en objeciones concretas. ¿He aconsejado mal a la gente? ¿Estás en desacuerdo con las ideas que he compartido? ¿Te opones a que se cure a los enfermos?

»Tienes razón en que mi vida antes de ir a las montañas era egocéntrica. Estoy de acuerdo. No tienes ningún argumento en mi contra. Pero uno de los mayores errores que podemos cometer, especialmente en pueblos pequeños como el nuestro, es no permitir que la gente cambie. Seguro que puedes ver que intento cambiar, crecer y convertirme en un ser humano mejor.

»No soy mi pasado. No soy las cosas que me han sucedido. No fui perfecto en el pasado, y no soy perfecto ahora. Pero necesito que me liberes de mi pasado para poder abrazar una mejor versión de mí mismo. ¿Por qué te niegas? Tal vez tú también necesites liberarte de tu pasado.

»Una de las principales razones por las que la gente no cambia, y créeme, todos queremos cambiar, es porque otras personas no los dejan cambiar. Cuando alguien empieza a cambiar y a crecer, a menudo nos sentimos juzgados, desafiados y amenazados. No es porque esa persona nos esté juzgando, sino porque, por el simple hecho de cambiar, su mera presencia *nos* reta también a crecer.

»Cada pueblo tiene un ladrón, una prostituta, un metepatas y un rico avaro. A veces, no queremos que esas personas cambien, porque, de la forma más enfermiza, nos hacen sentir bien con nosotros mismos. Los usamos como chivos expiatorios. Arrojamos toda nuestra oscuridad sobre ellos porque no queremos enfrentarnos a la oscuridad que hay en nosotros. Y cuando llega el día *festivo*, vamos a nuestras iglesias y sinagogas, y oramos tal como está escrito: «Dios, te doy gracias porque no soy como los demás: ladrón, malhechor, adúltero ni recaudador de impuestos». Pero ¿qué pasa con el ladrón, la prostituta, el metepatas y el rico avaro que hay en cada uno de nosotros?

»Tú me conociste desde que yo era un niño. A veces era descuidado. Me conociste cuando estaba joven. A veces era egoísta. Pero ahora estoy viviendo entre ustedes, tratando de ser un hombre mejor. Por favor, permíteme. Libérame de las insuficiencias de mi pasado, para que pueda convertirme en el mejor hombre de mi futuro.

Steve estaba hirviendo ahora.

—¡Basta! Basta —gritó—. Eres inteligente y elocuente, pero no me engañas. Puede que tengas engañados a todos los demás, pero a mí no. Sé que no eres quien pretendes ser.

—¿Quién estoy fingiendo ser? —preguntó Daniel sinceramente—. Un profeta, un sanador, un vidente, un sabio, un maestro espiritual...

»¿Alguna vez he pretendido ser alguna de esas cosas?

—Esa no es la cuestión. No importa lo que afirmes. Tienes a todos estos otros tontos para hacer tu voluntad por ti —arremetió Steve.

—Entonces, ¿todos son tontos menos tú? —preguntó Daniel.

Steve no sabía qué decir, pero se negó a permanecer en silencio. Lo consideró un fracaso, así que empezó a atacar.

—Vamos a dejarme fuera de esto por un momento, Steve —dijo Daniel cuando terminó de despotricar—. Considera la pregunta de Georgina. ¿Por qué estás agradecido hoy?

La pregunta tomó desprevenido a Steve y lo exasperó aún más. Sus ojos se enfurecieron como un toro en el ruedo.

—¿Qué importa eso? —replicó.

—Importa porque, a pesar de lo que pienses de mí, sigo queriendo lo que es bueno para ti. Quiero que encuentres paz y satisfacción. Esto solo es posible si rendimos un homenaje agradecido a las personas, cosas, oportunidades y experiencias buenas de la vida, y al Dador de todo lo bueno.

»Mi propia experiencia me dice que cuando soy agradecido, muy pocas cosas me molestan. Parece que todo te molesta. Por eso me pregunto si eres agradecido.

—¿Estás tratando de avergonzarme? —dijo Steve enojado.

—No, no estoy tratando de avergonzarte. Tal vez te sientas así porque intentabas avergonzarme. Es natural que proyectes tus motivos sobre mí, pero no son reales.

Daniel bajó los escalones y se plantó frente a Steve.

»Olvida por un momento que todos los demás están aquí —dijo Daniel en voz baja para que solo Steve pudiera oírlo. Era una invitación a un momento íntimo—. Ahora solo estamos tú y yo. De hombre a hombre. De vecino a vecino. —Sin embargo, Steve se apartó.

—¡No juegues conmigo! —arremetió Steve, rechazando la invitación de Daniel—. No voy a dejar que me laves el cerebro como has hecho con todos los demás.

Steve se dio vuelta para alejarse, pero entonces se abalanzó sobre Daniel una vez más con rabia en los ojos y gritó:

—Escucha, muchacho...

—No es un muchacho —interrumpió alguien.

—Es un profeta —añadió otro.

El profeta de la mecedora, susurró Ezra en voz baja para sí.

Steve se había agotado a sí mismo. Le dio la espalda a Daniel, bajó la cabeza y se alejó amargamente. Estaba enojado y su rabia lo consumía. Pero nadie sabía por qué se sentía enojado. La mayoría de la gente se sintió aliviada cuando se alejó, pero en ese momento, mientras los ojos de todos estaban fijos en Steve, Ezra levantó la vista hacia Daniel.

Tal vez fue por preocupación, o tal vez fue un reflejo. No estaba seguro. Pero lo que vio en el rostro de Daniel lo conmovió más que nada de lo que había experimentado aquella noche. Había una profunda tristeza en los ojos de Daniel mientras el crítico, el detractor, el escéptico y el cínico se alejaba. Ezra sintió un deseo irrefrenable de saber qué pasaba por la mente de Daniel en aquel momento.

Se lo preguntaría, pero no ahora. Guardó el recuerdo para otro momento y otro lugar.

49. UN ESTADO DE ÁNIMO PESADO

El ambiente de la noche había cambiado. Una sombra se había proyectado sobre la reunión y una sensación de pesadez se apoderó de la multitud. Tony miró a Sean, y Sean miró a Ezra, que se encogió de hombros. Sabían que tenían que rescatar la fiesta, pero no sabían cómo hacerlo.

Dimitri era un hombre observador y un anfitrión sin igual. No era su fiesta, pero vio que los tres hombres estaban perplejos y actuó instintivamente.

—¿Quién necesita otra copa? —rugió jovialmente desde el fondo del jardín. La gente se rio y levantó sus copas, y el ambiente de la velada se restableció.

Ezra miró a Dimitri, esperó a que le llamara la atención y le hizo un leve gesto con la cabeza mientras se daba dos golpecitos en el corazón con la mano derecha. Dimitri se quitó su sombrero de ala estrecha, se inclinó suavemente en dirección a Ezra y sonrió. Como un anciano estadista, había interpretado la situación a la perfección y salvado la velada sin esfuerzo con un ligero toque de humor.

Al poco rato, Daniel volvió a hablar.

—Hay muchas cosas que podríamos discutir sobre los comentarios de Steve, y estaré encantado de hacerlo si lo desean. Pero para mí es importante que todos estemos de acuerdo en una cosa.

Hizo una pausa y tomó un poco de limonada. Esto les dio a todos la oportunidad de volver a acomodarse en sus asientos. Estaba claro que lo que Daniel iba a decir era importante.

»Esta noche ustedes son mis invitados —continuó—, pero yo me considero en gran medida su invitado en este lugar. Si simplemente viviera aquí y tuviera un trabajo normal, y entrara y saliera como cualquier otra persona, no me sentiría así. Pero todos los visitantes y la interrupción de la forma en que las cosas han sido por aquí durante cien años hacen que sea diferente.

»Así que esta noche, mientras todos estamos juntos aquí, quiero hacerles una promesa como comunidad. Declaro ante cada uno de ustedes que me iré de aquí mañana por la mañana si así lo desean. Me importa que sepan que el destino de este lugar sigue estando en sus manos, no en las mías, ni en las de los miles de visitantes que vienen aquí cada mes. Si en algún momento en el futuro vienen a mí, unidos en su convicción de que lo mejor sería que me trasladara a otro lugar, no discutiré ni me opondré. En tres días, me habré ido. Esta es mi promesa.

La gente le agradeció la oferta, pero esperaban no tener que pedirle nunca que cumpliera su promesa. Aun así, Daniel sabía que si permanecía allí el tiempo suficiente, en algún momento llegaría ese día.

50. LA SALUD

Javier, el médico amigo de la infancia de Daniel, fue el siguiente en hablar.

—He dedicado mi vida a la salud de las personas de este pueblo. Atiendo sus partos, sus toses y resfriados, compongo sus huesos rotos e intento consolarlos en las últimas horas de su vida —explicó para contextualizar.

»*Háblanos de la* SALUD.

Daniel le sonrió cálidamente a su amigo de la infancia.

—¿Cambiarías un pulmón por cincuenta dólares? ¿Venderías una semana de buena salud por mil dólares? Cuando se plantean en términos tan descarados, descartamos estas propuestas por ridículas. Sin embargo, hacemos trueques, vendemos, apostamos y cambiamos nuestra salud de decenas de maneras cada día. Todos los días hacemos trueque con la vida. Algunos de estos tratos son buenos y necesarios. Intercambiamos nuestra energía por un duro día de trabajo. Intercambiamos tiempo para jugar con nuestros hijos en el parque. Pero también hacemos malos trueques. ¿Hasta qué punto estás dispuesto a perder salud para conseguir ese próximo ascenso?

»La salud es la base de la vida. Todas nuestras esperanzas y sueños dependen de ella. Los jóvenes sueñan con viajar a tierras lejanas. Los padres sueñan con ver cómo se desarrolla la vida de sus hijos y jugar con sus nietos. La enfermedad nos roba algo más que energía y movimiento: nos arrebata nuestras esperanzas y sueños.

»Todo aquello en lo que fijes tu mente aumentará en tu vida. Fija tu mente en pensamientos de salud. La salud es un poderoso río que fluye a través de tu ser. Imagina este río de vida fluyendo por tus venas. Las acciones no son líderes; son seguidoras. ¿A qué siguen? El pensamiento es un líder, y nuestras acciones siguen a donde nos llevan nuestros pensamientos.

»Atesora tu salud. Consérvala como el mejor tesoro. Somos sensibles a los agravios que nos hacen los demás, pero insensibles a los que nos hacemos a nosotros mismos.

»Experimentamos la vida a través de nuestro cuerpo. Nuestros cuerpos son excelentes sirvientes, pero terribles amos. Permitir que tu cuerpo gobierne y dirija tu vida es un camino seguro hacia la autodestrucción. Si nos convertimos en esclavos de nuestro cuerpo, este empieza a mentirnos. Por eso, los sabios reniegan de su cuerpo cada día con pequeños gestos.

»¿Por qué apreciamos más la salud cuando estamos enfermos? La sabiduría de los opuestos nos habla de manera clara y rotunda a través de la enfermedad. La enfermedad es un gran sabio. Nos ilumina sobre lo que más importa y despierta nuestras verdaderas prioridades. Sonámbulos por la vida, solo apreciamos nuestra salud cuando estamos enfermos. Pero los sabios viven en un reino superior de conciencia, y se despiertan cada mañana agradecidos por la salud que hace posible todo lo demás.

»El estilo de vida, un estilo de vida sano, es la medicina definitiva. Existe una correlación directa entre la salud de la mayoría de las personas y su estilo de vida. Los medicamentos son más eficaces cuando se combinan con un estilo de vida saludable.

»Cuando la enfermedad te visite, examina tu estilo de vida. Un estilo de vida sano es el único remedio duradero contra la enfermedad. Mucho antes de que enfermemos, mucho antes de que necesitemos medicación o cirugía, nuestro cuerpo nos susurra: *Necesito esto... Cuídame un poco mejor y te serviré durante mucho tiempo.*

»¿Cuál es el secreto de una salud física vibrante? No hay ningún secreto. Ríe un poco cada día, duerme profundamente y durante mucho tiempo, hidrátate abundantemente, come para alimentar tu cuerpo, no por aburrimiento ni por entretenimiento, y da un largo paseo en un lugar tranquilo cada día.

51. LA BUENA VIDA

Estaba surgiendo un ritmo cómodo. Alguien planteaba un tema, Daniel respondía y la gente reflexionaba.

Mario, el propietario de un pequeño restaurante italiano, fue el siguiente en hablar.

—Mis abuelos vinieron del viejo continente hace décadas. Trajeron consigo sus sueños y recuerdos, su música y su lengua, su cocina y su historia. En italiano hay una frase, *la dolce vita*, que significa la buena vida. Parece que todo el mundo busca alguna versión de ella.

»*Háblanos de* LA BUENA VIDA.

—Cada persona idealiza *la dolce vita* a su manera —respondió Daniel—. ¿Qué imaginan cuando piensan en la buena vida? ¿Placer, posesiones, prosperidad, comida, vino, viajes, independencia, ropa exquisita, vida despreocupada, bailar, el éxito, el amor, el desenfreno, la libertad económica, la tranquilidad, la evasión?

»Muchas de estas cosas pueden desempeñar un papel, pero no son la esencia de la buena vida. Sabemos que esto es cierto porque incluso con abundancia de todas estas cosas, se puede llevar una vida trágicamente vacía. Y es la esencia lo que buscamos en todas las cosas.

»Todos tenemos una visión de la buena vida y, al mismo tiempo, fingimos estar desconcertados por ella.

»¿Cuál es el secreto de la buena vida? La respuesta es gloriosamente sencilla: la bondad misma. No se puede tener un océano sin agua, y no se puede experimentar auténticamente la buena vida sin bondad. El secreto de la buena vida es la bondad misma. Es el ingrediente esencial. Es la esencia.

»Llena tu vida de bondad. Este es el camino que conduce a la buena vida. Llena tu vida de sabiduría, amistad, generosidad, paciencia, bondad, valor, justicia, servicio, honestidad, humildad y amor. Tu corazón resplandece y tu alma brilla cuando abrazas, celebras y perpetúas la bondad.

»La bondad es lo que deseas, y tú eres el más bello y maravillosamente tú mismo en la bondad.

52. PADRES E HIJOS

Fiona era nueva en el pueblo. Con treinta y tantos años, era madre de tres niños pequeños. Daniel los había visto andar en bicicleta por la calle. Cuando empezó a hablar, pensó en su propia madre.

—*Háblanos de los* PADRES E HIJOS.

—Todos somos hijos de la vida. Nuestros hijos e hijas son esta generación que le tiende la mano a la siguiente, y sus entrañas dolerán por otra generación que aún está por venir.

»Todo el mundo es hijo o hija de alguien. Cuando dejamos de ver a las personas bajo esta luz, nuestra visión del mundo se distorsiona y comienza una trágica deshumanización.

»Está escrito: «Comienza con el fin en mente».

»Si hay algo que merezca ser intencionado, es la crianza de los hijos. Hay un sueño que guardas en tu corazón para tus hijos. Anhelas que tus hijos e hijas se conviertan en la mejor versión de sí mismos. Este es el sueño paterno universal porque es el sueño paterno Divino.

»Los padres vienen a visitarme con frecuencia aquí en el porche y me preguntan cómo ser mejores padres. Esto es lo que les digo: vayan al pueblo y siéntense en uno de los bancos de la plaza. Escriban una breve visión de la persona que esperan que su hijo sea a los veintiuno, a los treinta y cinco y a los cincuenta años. Mediten sobre esa visión durante un minuto cada día, y críen a sus hijos en función de esa visión. Tomen decisiones basadas en esa visión y aconsejen a sus hijos teniendo en cuenta esa visión. Amen a sus hijos para que tengan esa visión.

53. EL DINERO Y LAS COSAS

Sameer y su esposa, Aisha, eran comerciantes. Importaban mercancías del Lejano Oriente y exportaban ofrendas locales en los barcos cuando estos viajaban a tierras extranjeras. Aisha fue la siguiente en dirigirse a Daniel.

—*Háblanos del* DINERO Y DE LAS COSAS.

—En las montañas tenía muy poco y, sin embargo, tenía todo lo que necesitaba. Una profunda providencia estaba obrando.

»El mundo está lleno de cosas gloriosas que hay que disfrutar. Disfrútalas, deja que te deleiten, dedícalas a tu diversión y a la de los demás. Pero evita que tu corazón se apegue a las cosas de este mundo. Te sujetarán e impedirán que tu alma se eleve.

»Las personas fueron hechas para ser amadas, y las cosas para ser usadas. Pero si permitimos que nuestros corazones se ensimismen con el amor a las cosas, tarde o temprano terminaremos por utilizar a las personas para proteger las cosas que amamos.

»El dinero puede dividir a una persona contra sí misma. Puede separar a una persona de su destino.

»El secreto de una *relación adecuada* con el dinero y las cosas es saber lo que pueden y no pueden conseguir. El dinero no puede comprar las cosas más importantes: la salud, el amor, el respeto, el carácter, la sabiduría, la autoestima, la amistad, la paz interior, el sentido y el propósito, la fe, la lealtad o la felicidad. Y el dinero no puede comprar una oportunidad desaprovechada.

»El dinero es neutral. No es ni bueno ni malo. La forma en que lo utilizamos le confiere una carga positiva o negativa. Todos hemos visto cómo se emplea el dinero de forma generosa, considerada y edificante. Pero también hemos visto dinero mal empleado de formas inútiles, absurdas, despilfarradoras, reactivas y obscenas.

»No importa cuánto dinero tengamos o dejemos de tener; la omnipresente influencia del dinero debería hacernos estar alerta.

»Está escrito: «Lo que sucede con el dinero es que te obliga a hacer cosas que no quieres hacer».

»Necesitamos muy poco. Cuando multiplicamos nuestras necesidades y deseos, disminuimos nuestra felicidad. Que tus necesidades y deseos sean pocos y sencillos. Conoce lo poco que necesitas para vivir y ser feliz.

»Está escrito: «El que menos necesita es el que más tiene».

»Aun así, el dinero está entretejido en nuestra vida cotidiana, por lo que es prudente observar las siete leyes inmutables del dinero: ahorra una parte de todo lo que ganes. Controla tus gastos. Invierte sabiamente para multiplicar tus ahorros. Protégete contra las pérdidas. Aumenta tu capacidad de ganar. Asegúrate unos ingresos futuros. Sé generoso en cada paso del camino.

»Espero que siempre tengas dinero suficiente para atender tus necesidades, ser generoso con los demás y perseguir tus sueños.

54. LA ESPIRITUALIDAD

Samuel Miller tomó la palabra. Era un granjero amish. Sus tierras estaban en las afueras del pueblo, junto al lugar donde la mujer y las hijas de Daniel habían muerto hacía años.

Todo el mundo quería a Samuel. Era un alma gentil, un hombre sabio y generoso, que siempre buscaba oportunidades para ayudar a los demás. Nunca tenías que pedirle nada, porque antes de que se lo pidieras, ya había visto la necesidad y ofrecido su ayuda.

—Buenas noches, Daniel —dijo Samuel cordialmente.

—Buenas noches, señor Miller. Me alegro mucho de que estés con nosotros esta noche. Nos honras con tu presencia.

—Gracias. No deseo causarte ningún dolor, pero creo que hay que decir que tu mujer y tus hijas estarían increíblemente orgullosas de ti esta noche. Espero que lo sepas.

Daniel asintió hacia Samuel y dijo:

—Gracias, señor Miller —y sus ojos se llenaron de lágrimas.

—Toda mi vida he buscado el rostro de Dios en todas las cosas —continuó Samuel—. He buscado Su voluntad y anhelado conocer Sus caminos.

—*Háblanos de la* ESPIRITUALIDAD.

Daniel reflexionó.

—Está escrito: «La mayor amenaza para tu felicidad y plenitud son tus necesidades espirituales no reconocidas».

»La espiritualidad es esencial para que el ser humano florezca. Es tan esencial como el aire que respiramos, el agua que tomamos y el contacto humano. La gente se sienta aquí en estas mecedoras y dice: «No soy una persona espiritual», pero en verdad les digo que no existe tal cosa».

»Está escrito: «No somos seres humanos teniendo una experiencia espiritual. Somos seres espirituales teniendo una experiencia humana».

»Tu alma es tu esencia. Tu yo más bello es espiritual. Tu yo más creativo es espiritual. Tu capacidad innata de amar es espiritual. No abandones tu esencia. La alienación de Dios es la alienación de uno mismo.

»La espiritualidad resuelve uno de los dilemas humanos fundamentales, aunque a menudo se pasa por alto: nos devuelve la relación correcta con nosotros mismos. El fruto de esta gran restauración es la colaboración dinámica con Dios, la correcta relación con los demás, la armonía con la creación y la gloriosa plenitud que buscamos durante toda nuestra vida.

»Está escrito: «Ora constantemente».

»Pero no podemos retirarnos a nuestras sinagogas e iglesias a orar todo el día: hay cosas que hacer y vida que vivir.

»Sin embargo, la vida es oración, toda la vida. Transformar cada actividad en oración es el secreto para experimentar la vida en cada respiración, el secreto para estar plenamente vivos. Jugar a la pelota con tu hijo es orar. Preparar la comida es orar. Bañarse es orar. Trabajar es orar. Lavar los platos es orar. Cambiar el pañal a un bebé es orar. Caminar es orar. Ir de compras es orar. Hacer el amor es orar. Leer a tu hijo es orar.

»El mandamiento primordial de la vida espiritual es transformarlo todo en oración.

»La espiritualidad puede parecer teórica, pero en realidad nada es más práctico. Piensa en cualquier problema que tengas en tu vida. ¿De cuántas maneras has intentado resolverlo? Tal vez pienses que lo has intentado todo. Tal vez te sientas desesperanzado, hayas dejado de intentarlo, hayas decidido vivir con el problema. Pero ¿alguna vez le has pedido ayuda a Dios? ¿No de forma superficial, sino rogándole a Dios con todo tu ser? ¿Y tienes más posibilidades de resolver ese problema con o sin la ayuda de Dios?

»Está escrito: «Ningún problema puede resolverse desde el mismo nivel de conciencia que lo creó».

»La espiritualidad eleva nuestra conciencia. Nos permite ver los problemas y las oportunidades de la vida desde una perspectiva completamente diferente.

»La oración, la meditación y otras prácticas espirituales elevan nuestra conciencia. Elevan cada experiencia a su estado más sublime. Un vaso de agua sabe diferente para alguien con una conciencia espiritual afinada. Los acontecimientos ordinarios de la vida cotidiana, como leer un libro, escuchar el viento en los árboles, caminar por la playa o conversar con un amigo, pueden ser experiencias profundamente espirituales. Cuando vivimos en este plano de conciencia elevada, hacer el amor puede ser tan trascendente como ir a la iglesia un domingo.

»Es hora de dejar de buscar soluciones mundanas a los problemas espirituales. ¿Cuándo fue la última vez que te sentiste increíble? En el momento en que decidas abrazar la espiritualidad como nunca antes lo habías hecho, estarás más cerca que nunca de sentirte plenamente vivo. La espiritualidad te permite compartir tu yo más consumado con el mundo.

55. LA GENEROSIDAD

Henry era el inspector del tren a Nueva York. Luego de viajar de ida y vuelta a la ciudad cinco días a la semana mientras la gente se dirigía al trabajo y de vuelta a casa, había recibido una completa educación sobre los entresijos de la naturaleza humana. Henry fue el siguiente en hablar.

—La vida está llena de dar y recibir. Mi experiencia ha dividido a la gente en dos grupos: los que entienden el poder de dar y los que no; los que ven abundancia y los que ven escasez; los que ven formas de que todos ganen y los que ven cada situación como un escenario de suma cero.

—*Háblanos de la* GENEROSIDAD.

Daniel respondió:

—La gente expresa a menudo el deseo de vivir vidas más significativas. Les diré lo que les he dicho a ellos: si quieres desencadenar un flujo interminable de sentido y plenitud en tu vida, levántate cada mañana con ganas de ser más generoso de lo que fuiste ayer. No compares tu generosidad con la de los demás. La comparación es el gran limitador del descubrimiento humano.

»Está escrito: «No hay nada noble en ser superior a tus semejantes; la verdadera nobleza es ser superior a tu yo anterior».

»Si quieres descubrir quién eres, explora los horizontes de tu generosidad.

»Adopta el hábito de la generosidad. Regala algo cada día. No hace falta que sea dinero o posesiones materiales. No necesitas dinero ni cosas para vivir una vida de generosidad asombrosa. Hay mil maneras de ser generoso. La generosidad es tremendamente creativa. Siempre está buscando formas nuevas e interesantes de manifestarse. Escucha el espíritu de generosidad que hay en ti. Deja que te inspire.

»Expresa tu agradecimiento. Visita a alguien que se sienta solo. Siembra un árbol. Apoya a las pequeñas empresas. Enseña. Sé mentor. Entrena. Alégrale el día a alguien. Ayuda a un colega que está bajo presión para terminar un proyecto. Elogia a un desconocido. Sé un amante generoso. Anima a la gente. Ayuda a alguien que tenga prisa. Ofrécete como voluntario. Escucha.

»Cada acto de generosidad ennoblece a otro ser humano. La generosidad proclama de manera clara y rotunda: «Te veo. Te escucho. Eres digno. Estoy contigo. Me importas». La generosidad, por su propia naturaleza, humaniza de nuevo.

»La generosidad es creativa, bella, vivificante, asombrosa, magnánima, visionaria, alentadora, compasiva, elevadora, espiritual, innovadora, brillante, proactiva, valiente y esperanzadora.

»La generosidad tiene el poder de humanizar de nuevo el mundo. La generosidad cura las culturas enfermas y heridas.

»Asombra a la gente con tu generosidad. Utiliza tu breve vida para hacer el mayor bien posible al mayor número de personas. Desata el poder y la nobleza de la generosidad en tu vida. La generosidad es una de las pocas cosas en este mundo que todavía tiene el poder de intrigar a la gente.

56. EL TRABAJO

Olivia fue la siguiente en hablar. Dirigía una fábrica en las afueras del pueblo. Se mantenía ocupada dirigiendo las operaciones diarias de la empresa, pero también pasaba mucho tiempo dirimiendo disputas entre los trabajadores y la dirección.

—*Háblanos del* TRABAJO.

—Sus trabajos proyectan una luz brillante o una sombra profunda sobre el resto de sus vidas —dijo Daniel a la multitud—. Como un prisma, dispersa alegría y satisfacción o miseria e insatisfacción a todos los demás aspectos de la vida. El trabajo puede adoptar muchas formas. Puede ser el trabajo profesional de una carrera, el trabajo de criar a una familia y cuidar de un hogar, el trabajo de cultivar un talento para el ocio o el trabajo de voluntariado para mejorar la vida de los necesitados.

»El trabajo es esencial para la experiencia humana. Hay un hambre en ti que solo puede saciarse trabajando. Es un hambre que los ociosos no comprenden. Intentan alimentarla con todo menos con lo único que la satisface. Aun así, los ociosos tienen muchos admiradores, y muchos más fantasean con ser ociosos. Pero la ociosidad es una maldición, y la mayoría de la gente ignora el vacío que produce el no tener nada que hacer.

»Está escrito: «El trabajo lo cura casi todo».

»Creo en esto. Lo he experimentado. Trabajar duro, agotarnos dignamente y estar cansados, honestamente cansados, es bueno para el corazón, la mente, el cuerpo y el alma.

»Hemos tropezado una vez más con una laguna en la experiencia humana. Pasamos más tiempo trabajando que en cualquier otra cosa en la vida y, sin embargo, sabemos muy poco sobre el significado y el valor del trabajo. Y a pesar de todo lo que decimos sobre el progreso, una de las grandes tragedias de nuestra época es que pocas personas encuentran un trabajo que se adapte a su talento y personalidad.

»Muchísimas personas pasan el día en un trabajo que no se adapta a sus capacidades. ¿Por qué no se nos enseña a encontrar algo a lo que podamos dedicar nuestra vida con alegría, al tiempo que cubrimos nuestras necesidades temporales? Tenemos la responsabilidad colectiva de salvar a las generaciones futuras de este destino.

»Para entender el papel del trabajo, hay que empezar por el propósito. Algunos dicen que trabajamos para ganar dinero y cubrir las necesidades de la vida. Esto convierte al trabajo en un simple medio para alcanzar un fin. Si aceptamos este punto de vista, nos esclavizamos a la idea de que la vida debe ser puesta en espera para trabajar, y solo cuando nuestro trabajo está hecho podemos volver a la vida. Si tenemos en cuenta que pasamos gran parte de nuestras vidas trabajando, es una visión bastante deprimente. Pero es una idea muy extendida. ¿Por qué? Porque no hemos comprendido que el trabajo es un ingrediente importante de una vida profundamente satisfactoria. El trabajo tiene valor en sí mismo.

»El verdadero significado y valor del trabajo se revela cuando consideramos el trabajo como un fin en sí mismo. El dinero que ganamos con el trabajo, aunque necesario, es un resultado secundario. El valor principal del trabajo está en tu desarrollo como ser humano. Cada hora que trabajas al máximo de tu capacidad, prestando atención a los detalles de tu trabajo, te conviertes en una mejor versión de ti mismo. El trabajo nutre el carácter proporcionando oportunidades para crecer en virtudes. El trabajo aumenta la paciencia, la concentración, la perseverancia, la diligencia, la determinación, la disciplina y el compromiso.

»Pocas cosas producen más alegría en esta vida que descubrir un trabajo que amas, un trabajo al que puedes entregarte con abandono temerario. Es uno de los grandes lujos de la vida.

»Está escrito: «Tu vocación en la vida está allí donde tu mayor alegría se encuentra con la mayor necesidad del mundo».

»Persigue esa alegría y satisface esa necesidad. ¿Cómo sabrás que la has encontrado? Porque está marcada por la gloriosa sensación de atemporalidad.

57. EL APRENDIZAJE

Virginia era la bibliotecaria. Durante cuarenta años sirvió a los niños del pueblo, cautivando su imaginación con las mejores historias de todas las épocas. La sabiduría de estas historias calaba hondo en la vida de los niños. Ahora se dirigió a Daniel.

—He observado que la gente lee cada vez menos —se lamentó—. Creo que hay una gran diferencia entre el rendimiento de un niño que aprende a amar la lectura y otro que no. Pero cada vez más, parece que nuestros jóvenes están siendo consumidos por la tecnología y otros contenidos que no desbloquean su imaginación, ni fomentan la creatividad, ni liberan su potencial.

»*Háblanos del* APRENDIZAJE.

—Nos encontramos en una encrucijada familiar en el ámbito de la educación —comenzó Daniel—. Es una encrucijada que la humanidad ha abordado una y otra vez a lo largo de la historia. ¿Nos comprometeremos a enseñarles a nuestros hijos cómo pensar o cometeremos el error de enseñarles qué pensar?

»Cuando tenía unos siete años, oí a mi madre conversar con mi profesora un día después de clase. «Me preocupa que Daniel vaya por detrás del resto de la clase; tenemos que presionarlo para que se ponga al día», le dijo la profesora a mi madre. Nunca he olvidado la respuesta de mi madre: «La gente no aprende al mismo ritmo», dijo. «No importa si es el primero o el último de la clase. Lo que importa es que su padre y yo nos asociemos contigo para encender su amor por el aprendizaje. Si él se enamora del aprendizaje, se convertirá en un aprendiz permanente y vivirá una vida rica y plena. Esto es mucho más importante que sus notas en la escuela».

»Años después, me di cuenta de que no escuché esa conversación por casualidad. Mi madre quería que mi profesora tuviera claras las prioridades de mis padres en materia de educación, pero también quería que yo las tuviera claras.

»Esta es la pregunta para los padres, los profesores y la sociedad: ¿qué objetivo pretendemos alcanzar con la educación? La palabra *educación* viene del latín *educare*, que significa «sacar» o «extraer». La educación moderna parece más interesada en imponer conocimientos, habilidades e ideas específicas y estandarizadas a nuestros jóvenes para que se conviertan en consumidores obedientes y en engranajes de la economía mundial. Pero cada niño tiene una mezcla única de talento y personalidad que es perfectamente adecuada para hacer una contribución única. ¡Imaginemos que pudiéramos ayudar a cada joven a descubrir ese mundo de posibilidades que lleva adentro!

»¿Cómo cambiaría nuestro sistema educativo si el amor por el aprendizaje fuera el centro de atención? Lo haría radicalmente. Y eso nos demuestra lo perdidos que estamos. ¿Tenemos el valor y la paciencia para ayudar a los niños a descubrir su inherente amor por el aprendizaje? El futuro de la educación depende de ello.

58. LA NATURALEZA

Stanley era un hombre callado. Siempre era agradable, pero casi siempre reservado. Para sorpresa de todos, fue el siguiente en hablar.

—Viviste en las montañas durante años, Daniel. Oí hablar de tus experiencias, pero me gustaría saber qué aprendiste de la naturaleza en las montañas.

»*Háblanos de la* NATURALEZA.

Daniel se dejó llevar por los recuerdos.

—Durante años, antes de ir a las montañas, me encontraba con la naturaleza y ella me susurraba: «Tu vida está desequilibrada. Has perdido el ritmo». Yo sonreía cortésmente y seguía adelante, como hacemos cuando nos encontramos con una verdad que no estamos preparados para vivir.

»Está escrito: «Mira en lo más profundo de la naturaleza, y luego todo lo comprenderás mejor».

»Cuando fui por primera vez a las montañas, estaba desconsolado, profundamente traumatizado. Intentaba desesperadamente entender qué había ocurrido y por qué. Me había encerrado en mí mismo intentando comprender el enigma del sufrimiento y de la tragedia aleatoria.

»Luego de estar sentado aquí, en el porche, conversando con la gente, me he dado cuenta de que todos estamos traumatizados de un modo u otro, aunque muchos no perciban esto.

»La naturaleza es sanadora. Al principio no me daba cuenta porque estaba demasiado atrapado en mi dolor, pero en las montañas, estar inmerso en la naturaleza era calmante y curativo. Pasaron semanas, quizá meses, antes de darme cuenta de que los ritmos y las rutinas de la naturaleza me estaban curando. La sencillez de la naturaleza me salvaba de la complejidad de la vida.

»La naturaleza me sacó de mí mismo. Mi vida antes del accidente era a veces pequeña y ensimismada. Una noche, me senté junto al lago a mirar las estrellas y empecé a preguntarme: «¿Cuándo fue la última vez que miraste las estrellas?». No me acordaba. Había pasado mucho tiempo.

»Nuestras vidas se han vuelto tan pequeñas y autorreferenciales que ni siquiera se nos ocurre mirar al cielo nocturno con asombro y maravilla. La naturaleza nos enseña a vivir. Ella sabe más de la vida que nadie que conozcas. Lleva observando la vida durante millones de años.

»Nos decimos que estamos demasiado ocupados, que no tenemos tiempo para ella. Pero cuanto más nos desconectamos de la naturaleza, más impacientes e infelices nos volvemos.

»Está escrito: «Adopta el ritmo de la naturaleza. Su secreto es la paciencia».

»La naturaleza se regocija en la rutina sin fin. Estas rutinas no son monótonas ni aburridas, sino que nutren y sostienen. En aquellos primeros meses en las montañas vi más amaneceres que en toda mi vida. Las rutinas más sencillas se hicieron vivificantes.

»La naturaleza trata de poner orden en nuestras vidas con el ritmo. El sol sale y se oculta a un ritmo. Las mareas suben y bajan a un ritmo. Las estaciones van y vienen a un ritmo. Tu corazón bombea sangre a través de tu cuerpo a un ritmo. Todo en la creación tiene un ritmo. Cuanto más me conectaba con el ritmo de la vida, más me daba cuenta de lo desordenada que había sido mi vida antes de estar en las montañas.

»Cuando abandonamos el ritmo, el resultado es el caos, la confusión, la destrucción y el desorden. Cuanto más nos alejamos del ritmo natural de la vida, más ansiosos e inquietos nos volvemos. Este malestar crea enfermedad.

»Las personas más felices y sanas vinculan su actividad diaria al ritmo de vida. No todos podemos ir a las montañas. Eso lo sé. Pero también sé que no todos estamos llamados a eso. Sin embargo, todos estamos llamados a unirnos a la naturaleza. Si pasamos un par de días inmersos en la naturaleza, o incluso un par de horas, ella se dará cuenta de lo desequilibradas que están nuestras vidas. Y nos hará esta pregunta: ¿tienes el valor de salir de la locura?

59. GRACIAS

La luna estaba alta en el cielo despejado. Había sido una velada increíble, y ahora Daniel sintió que era el momento de poner punto final a la conversación.

—Quiero darles las gracias a todos por venir esta noche —anunció—. Ha sido una experiencia profundamente conmovedora. Muchos de ustedes me han dado las gracias. Gracias a Ezra, a Sean, a Tony y a todos los que han trabajado incansablemente para que esta velada fuera memorable. Yo también les doy las gracias de corazón.

Los aplausos estallaron y Daniel hizo una pausa para que la gente expresara su agradecimiento.

—Por último, como agradecimiento a todos por haber sido tan amables conmigo desde que regresé de las montañas, tengo un regalo para ustedes. Al prever este tiempo juntos esta noche, me pregunté cuál sería la manera perfecta de terminar la velada.

»Al hacerlo, me acordé, como a menudo lo hago, de mi esposa Jessica. Siempre que nos invitaban a eventos en la ciudad, su primera pregunta era: «¿Habrá baile?». A Jessica le encantaba bailar. Si no había baile en el evento, me hacía prometerle que bailaría con ella cuando volviéramos a casa. Y muchos de mis mejores recuerdos son de bailes con ella en los mejores salones de Nueva York, en la acera esperando al parqueador, en la entrada de casa bajo las estrellas, en la cocina, en el salón...

La voz de Daniel se entrecortó. Se había extraviado en un recuerdo. Cuando se dio cuenta de lo que había sucedido, se aclaró la garganta y continuó.

»Esta noche, antes de que se vayan, los invito a bailar. Le pedí a un grupo de música del pueblo que nos acompañaran, y han accedido a tocar hasta que terminemos de bailar. Así que bailen con la persona que aman, con sus amigos y familiares y, si son muy mayores para bailar, balancéense al ritmo de la música y recuerden los momentos y lugares en los que bailaban cuando eran más jóvenes.

»Me alegro mucho de que hayamos podido reunirnos esta noche. Gracias.

La gente del pueblo se puso en pie y aplaudió. Y mientras Daniel bajaba los escalones del porche, la música empezó a sonar y él estrechó manos y abrazó a sus vecinos.

60. DICHOSA EXUBERANCIA

El ambiente de la noche volvió a cambiar. La gente estaba exuberante. Hombres, mujeres y niños de todas las edades inundaban la zona que se había despejado de forma natural para formar una improvisada pista de baile.

Ezra miró a su alrededor, y su corazón canturreó. Mirara donde mirara, sus amigos y vecinos conversaban animadamente, bailaban, comían, bebían y se divertían como nunca.

Había sido una velada excepcional e inspiradora. Ezra no recordaba la última vez que el pueblo se había reunido y divertido tanto. De hecho, llevaba más de cincuenta años viviendo aquí y no recordaba que el pueblo se hubiera reunido nunca así. *La gente recordará esta noche por el resto de sus vidas*, pensó.

Fue uno de esos momentos en la vida que uno quiere aferrarse a él, así que intentas prolongarlo, pero incluso mientras lo haces, sientes que se te escapa.

La banda tocó una música rápida y otra lenta, subió el ritmo con una parte moderada y terminó la velada con otra parte lenta. Los sonidos de la celebración se elevaron hacia el cielo nocturno. La gente no quería que acabara. No querían irse a casa. Así que bailaron un poco más, comieron un poco más, bebieron un poco más y se rieron un poco más.

Una pareja mayor se alejó de la multitud, y una pareja más joven con niños adormilados se dirigió a casa. Luego, una a una, las personas empezaron a dar las buenas noches. Daniel hablaba con Dimitri y el rabino cuando la fiesta empezaba a disolverse. Tras darse vuelta, vio a una joven pareja bailando lentamente, mejilla con mejilla, en medio del camino de entrada, y a Ezra y Leah abrazados mientras bailaban al pie de los escalones del porche.

Era una noche clara y las estrellas brillaban más que de costumbre. Daniel sintió una profunda felicidad al ver bailar a aquellas parejas. Pero en un extremo de esa felicidad había una aguda punzada de dolor. Extrañaba a su mujer. Extrañaba a sus hijas. Anhelaba bailar una vez más con ellas.

61. UN PADRE ORGULLOSO

Cuando todos se fueron a casa y Daniel entró por fin a la suya, encontró a su padre sentado en la mesa de la cocina. Daniel estaba agotado, pero muy contento de verlo.

—¿Café? —preguntó su padre, levantándose para preparar una nueva cafetera.

—Claro. ¿Cuándo llegaste, papá?

—Unos diez minutos antes de que empezaras a hablar. Me preparé un té, comí un pedazo de pastel de manzana y canela y me senté en el sofá. Podía oírlo todo. Estuviste increíble, hijo.

—¿Por qué no saliste y te uniste a nosotros? —preguntó Daniel.

—Me senté en la sala y abrí la ventana. Tenía el mejor asiento de la casa.

—Deberías haber salido. A la gente le habría gustado verte.

—No era mi lugar esta noche. Era para la gente del pueblo.

—Pero este fue tu pueblo durante más de treinta años.

—Es cierto, pero aun así me pareció mejor quedarme entre bastidores esta noche. Quería oírte hablar sin que hubiera ninguna distracción.

—¿Viniste porque estabas preocupado por mí, papá?

—Claro. En parte por eso —dijo con una sonrisa incómoda—. Y sabía que tu madre estaría más tranquila si yo estaba aquí y le hacía saber que todo iba bien —explicó el padre de Daniel.

Los dos hombres se sentaron en silencio a sorber su café, y entonces su padre preguntó:

—¿Cuál fue tu parte favorita de la noche?

Daniel se quedó pensativo.

—Tres cosas. Me encantó que todos se reunieran. Sé que hay mucha historia en este pueblo, que ha habido desavenencias a lo largo de los años entre individuos y familias, pero esta noche pudieron dejar todo eso atrás. Y luego, la música y el baile fueron encantadores. Era como si toda la calle rebosara de alegría.

—Siempre te ha gustado bailar —dijo su padre, mirando a Daniel expectante.

Daniel sabía lo que estaba pensando su padre. Ambos se habían dado cuenta de cómo algunas mujeres lo miraban, bailaban con él, revoloteaban a su alrededor. Pero Daniel no respondió. Se limitó a sonreír.

—¿Qué fue lo tercero? —preguntó su padre.

—A lo largo de la noche —explicó Daniel—, tuve la sensación de que a Charlie le habría encantado esta velada.

El padre de Daniel sonrió y asintió.

Padre e hijo se sentaron a hablar durante una hora más o menos antes de que su padre dijera:

—Debo irme.

—¿Por qué no te quedas esta noche aquí? —sugirió Daniel.

—Estaré bien —respondió su padre.

—No es un viaje corto, papá, y ya son las tres de la mañana. Serán las cinco cuando llegues a casa.

Su padre sabía lo que no estaba diciendo su hijo. Daniel estaba pensando en la posibilidad de otro accidente. Por mucho que hubiera evolucionado espiritualmente, el trauma de aquel único suceso ocurrido años atrás nunca estaría lejos de él.

—Tienes razón, hijo —concedió su padre—. Gracias. Me quedaré.

Daniel acomodó a su padre en la habitación de invitados y le dio las buenas noches.

—Buenas noches, hijo —respondió su padre. Y luego, abrazando fuertemente a Daniel, le susurró al oído—: Eres un gran hombre y estoy enormemente orgulloso de ti. Es un honor ser tu padre.

—Gracias, papá. Te quiero.

—Yo también te quiero, hijo mío.

62. LA MAÑANA SIGUIENTE

Daniel no durmió. Tenía una euforia natural. Comenzó a compararla con el éxtasis que a veces experimentaba durante la meditación, pero al hacerlo percibió que se trataba de un tipo diferente de euforia. Estaba acostado en su cama, inmerso en un mar de agradecimiento. Había sido una noche estimulante.

A las cinco y media, se levantó y bajó las escaleras en piyama. Las viejas escaleras crujían y Daniel esperaba no despertar a su padre.

Ezra ya había pasado por allí. Había una hornada de magdalenas calientes de manzana y canela en la mesa de la cocina y café recién hecho.

Ezra tampoco debe haber dormido, pensó Daniel. Su corazón rebosaba con gratitud y agradeció el amor y el apoyo de tanta gente buena a lo largo de su vida.

Daniel casi había terminado con sus rutinas matutinas cuando Sean entró por la puerta trasera.

—¡Vaya noche! —tronó el irlandés.

—¡Sí, fue otra cosa! Gracias de nuevo por todo lo que hiciste para que fuera así —dijo Daniel.

—Sé que la gente dice esto todo el tiempo, pero nunca ha sido más cierto. Fue un placer, Daniel —comentó Sean.

Tony entró unos minutos más tarde con su personalidad más grande que la vida. Javier estaba a su lado.

—Miren a quién encontré —exclamó.

—Parece que Ezra llegó temprano —dijo Javier, frotándose las manos y mirando las magdalenas.

—Sí, muy temprano —confirmó Daniel.

—No durmió —dijo Sean—. Yo tampoco. Vine directamente de su cafetería. Me dijo que estuvo horneando toda la noche. Nunca lo había visto tan feliz.

Daniel sonrió. Podía ver a Ezra en su mente, cantando y bailando en la cocina, al fondo de la cafetería. Lo conocía muy bien: sus gestos, sus expresiones faciales, la forma en que gesticulaba con las manos cuando estaba emocionado por compartir algo, la forma en que sus ojos se iluminaban por una fracción de segundo antes de sonreír. Daniel conocía la alegría de Ezra y se deleitaba con la nueva felicidad de su amigo.

—Dejó mis magdalenas favoritas de manzana y canela. ¿Quieren una? —preguntó Daniel a los demás. Comieron con un gran apetito.

Aún era temprano. Los cuatro hombres se sentaron alrededor de la mesa, recordando la noche anterior, y Daniel disfrutó escuchándolos intercambiar historias. Se sentía bendecido por estar rodeado de gente tan buena.

63. TUS SUEÑOS CONOCEN EL CAMINO

Era una mañana idílica. El sol se alzaba hacia las montañas y soplaba una ligera brisa del este. Poco antes de las ocho, Daniel salió al porche y se sentó en su mecedora. Su padre seguía durmiendo, y Daniel se alegró.

La primera persona con la que se encontró aquel día fue una mujer de Nuevo México que llevaba tres días esperando ver a Daniel y se alegraba de haber pasado la última noche en el hotel.

—Buenos días —le dijo Daniel, sonriendo—. ¿Qué te trae por aquí hoy?

Se llamaba Samantha. Tenía cincuenta y dos años y Daniel notó que parecía excesivamente cansada. Tenía el aspecto desgastado de alguien a quien la vida le ha fallado demasiadas veces.

Samantha y Daniel conversaron un rato sobre su vida y las preguntas que ella se hacía en su corazón. Samantha compartió los momentos más destacados y los menos destacados de su historia, y luego se hizo un silencio muy largo entre ellos. Los únicos ruidos eran el crujido de las sillas y el trinar de los pájaros en los árboles de la calle.

Samantha había tenido una vida difícil y Daniel sentía empatía por ella. Había tomado malas decisiones, la habían engañado y utilizado y, como tantas personas, ahora se encontraba sola intentando dar sentido a su vida.

—Tú no eres lo que te ha pasado —dijo Daniel, rompiendo el silencio.

—Lo sé —convino ella, sin convicción, y suspiró con pesadez.

—No estoy seguro de que lo sepas —continuó Daniel—. Puede que lo sepas aquí — dijo, dándose golpecitos en la sien con el dedo índice—. ¿Pero lo sabes aquí? —y se dio golpecitos en el corazón—. ¿Y aquí? —señalando su vientre—. Una cosa es reconocerlo intelectualmente, pero creerlo en el corazón y en el vientre es muy distinto.

Se sentó mirándola.

—¿Puedes decirlo? —preguntó Daniel.

Samantha suspiró.

—No soy lo que me ha pasado —murmuró. Apenas se oía.

—Puedo oír en tu voz que aún no te lo crees —dijo él—. Y no tiene nada de malo. Tómate un par de minutos. Cierra los ojos y reflexiona. Cuando estés preparada, abre los ojos, mírame a los ojos y dilo con toda la convicción que puedas reunir.

Unos minutos después, lo hizo. El cambio era palpable.

—Bien, bien —dijo Daniel, animándola y reafirmándola—. Llevará tiempo tener esa convicción, pero así es como hacemos las paces con el pasado.

—¿Y después qué? —reflexionó Samantha.

—Ah... entonces miraremos el futuro para potenciar el presente —respondió él con una sonrisa infantil.

—¿Qué quieres decir? —preguntó ella, perpleja.

Él respondió con una pregunta:

—¿Qué esperas del futuro?

—No recuerdo la última vez que pensé en el futuro —explicó Samantha—. He estado consumiendo toda mi energía intentando sobrevivir al presente y superar el pasado.

—Está escrito: «Cuando llores, sécate los ojos, porque vendrán días mejores. Y cuando sueñes, hazlo en grande, tan grande como el azul del océano». Tal vez sea hora de volver a soñar —sugirió Daniel—. Nuestros sueños nos animan. Nos insuflan nueva vida. Nos llenan de energía y entusiasmo.

Samantha parecía desconcertada.

—Ni siquiera estoy segura de saber ya lo que significa soñar —confesó.

—¿Cuándo crees que dejaste de soñar? —preguntó Daniel.

Samantha se quedó pensativa y, cuando empezó a hablar, hizo una pausa y pensó un poco más antes de decir:

—La verdad es que no lo sé.

—Está escrito: «Donde no hay visión, la gente perecerá».

»Nuestra capacidad de soñar es un don asombroso —dijo Daniel—. Es el tercero de los grandes dones universales con los que nos ha dotado el Creador. El primero es la vida, el segundo es el libre albedrío y el tercero es la capacidad de soñar.

»Soñar es la capacidad de mirar hacia el futuro, imaginar algo mejor y, a continuación, volver al momento presente y actuar para hacer realidad ese futuro ricamente imaginado.

»Soñar desbloquea nuestro potencial no realizado. Todo lo que está dormido dentro de ti se libera en ese momento y experimentas tu potencial puro. A veces, el estado de sueño solo dura un instante, pero es todo lo que necesitas para ver lo que es posible.

—Me siento tan perdida y confusa —dijo Samantha, desinflándose.

—No hay ningún problema. Hubo un tiempo y una razón para ello, pero ahora esa época ha terminado. Tus sueños son tus sueños por una razón —dijo Daniel con una voz más suave e incluso más reconfortante que de costumbre—. Sigue tus sueños; ellos conocen el camino.

64. EL AGOTAMIENTO

El día se prolongó. Aunque estaba cansado, Daniel permaneció absorto en los relatos de las vidas de sus visitantes y perdió la noción del tiempo. Cada persona tenía una pregunta, una carga o una profunda necesidad de ser vista y escuchada.

Antes de comer, su padre salió por la puerta principal para despedirse.

—Me voy a casa, hijo.

—Me alegro de que hayas dormido, viejo —dijo Daniel jovialmente, levantándose para abrazar a su padre—. Llamé a mamá esta mañana. Le dije que le avisaríamos cuando estuvieras de camino a casa.

Daniel se reunió con varias personas durante toda la tarde. A las seis, Sean le sugirió que dejara de hacerlo.

—Sigamos adelante, Murph. Algunas de estas personas llevan días esperando.

Sean volvió a bajar las escaleras y envió a la siguiente persona de la fila a hablar con Daniel, pero estaba preocupado por su amigo.

Un par de horas más tarde, la luz del día comenzó a desaparecer, y

Daniel decidió dar por terminado el día.

Estaba absolutamente agotado cuando entró a casa. Llevaba trece horas sentado en la mecedora, escuchando las esperanzas y angustias de la gente. Mientras subía las escaleras hasta su dormitorio, Daniel no podía recordar la última vez que había estado tan cansado, pero también se sentía profundamente satisfecho. No comió ni se bañó. Ni siquiera se puso la piyama. Se quitó los zapatos, se acostó y se sumió en un sueño profundo y reparador.

65. TODO EL MUNDO ES CURIOSO

Unos días después, un joven paró a Daniel en la calle para hacerle una pregunta. Era la pregunta que tanta gente había querido hacerle en distintos momentos y de distintas maneras. Era una pregunta que algunos pensaban que Daniel había estado evitando desde que bajó de las montañas.

—¿Qué pasó en las montañas? —preguntó el joven de forma atrevida y desenfadada a la vez.

—¿Por qué lo preguntas? —inquirió Daniel.

—Bueno, todo el mundo habla de tu estancia allá arriba, pero nadie parece saber exactamente qué pasó. ¿Por qué no lo cuentas tú?

Daniel sonrió ampliamente.

—Hablo de ello más de lo que la gente cree, pero la respuesta es tan sencilla que la mayoría piensa que tiene que haber algo más o que hay algo que no les estoy contando.

—¿Me lo dirás? —preguntó el joven.

—Lo haré —respondió Daniel, y luego, haciendo una pausa momentánea, respiró profundo antes de continuar—. Aprendí a escuchar la voz interior.

El joven parecía confuso y decepcionado.

»Sé que la gente quiere que sea más sensacionalista y complicado, pero no lo es —dijo Daniel—. Es sencillo y está al alcance de todos.

Una arruga se formó en el entrecejo del joven mientras se esforzaba por comprender.

—¿Cómo lo hiciste? —preguntó ahora.

—Esa es la cuestión, requiere muy poco esfuerzo. No tienes que hacer nada. Simplemente pasa suficiente tiempo en silencio y la voz surgirá fuerte y clara. Estamos obsesionados con hacer, pero el silencio nos enseña a ser, y una vez que aprendemos a ser, cualquier cosa que hagamos es infinitamente más significativa y poderosa.

—Pero ¿qué hacías con todo el tiempo que pasabas en las montañas? —insistió el joven, que aún se esforzaba por comprender lo que decía Daniel.

—Me sentaba en el aula del silencio durante cuatro, cinco, seis horas seguidas — explicó Daniel—. Me sentaba en silencio en la cueva. Caminaba durante horas cada día en silencio. Y me sentaba junto al lago, donde el único ruido eran los relajantes sonidos de la naturaleza.

—¿Y qué más? —preguntó el joven, aún insatisfecho.

—Aprendí a disfrutar del silencio.

El joven siguió preguntando lo mismo una y otra vez, esperando una respuesta diferente.

—Pero tiene que haber algo más —dijo ahora.

—Entiendo por qué piensas eso, pero realmente no lo hay, y podríamos hablar de ello durante días y no estarías más cerca de entenderlo. Es un misterio que hay que vivir para comprenderlo. Así que, si realmente quieres entenderlo, busca un lugar tranquilo esta noche, un lugar donde puedas estar solo, y siéntate en silencio. A ver cuánto tiempo aguantas. La mayoría de la gente no puede tolerar ni cinco minutos al principio. Yo no pude soportarlo ni tres minutos cuando fui por primera vez a las montañas.

»Obsérvate a ti mismo resistiéndote, queriendo huir de él. Presta atención a la prisa de tu alma. ¿Qué ocurre cuando intentas estar en silencio? ¿Qué pasa cuando intentas estarte quieto? ¿Qué ocurre cuando intentas estar solitario?

»Entonces, mañana, vuelve al silencio, y permanece allí unos minutos más que hoy. Pasado mañana, unos minutos más. Y poco a poco, todo se irá aclarando.

»Considera estas dos preguntas: ¿cuándo fue la última vez que te sentiste verdaderamente en paz? ¿Con qué frecuencia tienes verdadera claridad sobre el propósito y la dirección de tu vida? Estos son los dones que el silencio te concederá generosamente: paz y claridad.

El joven agradeció a Daniel su tiempo y se encaminó hacia la plaza del pueblo. Mientras se alejaba, Daniel se preguntó si el joven se tomaría en serio lo que habían hablado y si se haría amigo del silencio.

66. UN NUEVO ANHELO

Los días se hicieron más frescos y, en poco tiempo, las montañas ardieron con los colores cambiantes de las hojas. El otoño dio paso al invierno y este a la primavera. Un nuevo verano llegó y se fue, y las luces de las calles se encendieron unos minutos antes cada noche. Una estación daba paso a la otra al ritmo natural que rige todas las cosas. El padre de Daniel se veía más viejo y su madre se movía más despacio. Algunas noches, cuando se levantaba de la mecedora, Daniel sintió dolores en lugares que no había sentido antes.

Un año daba paso a otro, y a medida que pasaba el tiempo Daniel sentía que las estaciones de su corazón también cambiaban. Hacia el final del verano siguiente, lo invadió un sentimiento que hacía tiempo que no conocía. Era el anhelo. Se sentía incómodo. Había estado viviendo una larga temporada de satisfacción. Sin embargo, el anhelo era inconfundible.

¿Un anhelo de qué? No estaba seguro. Su corazón halaba en más de una dirección. Una parte de él quería ignorarlo, pero había llegado demasiado lejos como para volver a engañarse de esa manera.

Sabía lo que significaba el anhelo: se acercaba el momento de un nuevo capítulo en su vida.

67. INQUIETO

Daniel se había instalado cómodamente en una época tranquila de su vida. Estos años en la mecedora habían estado marcados por una profunda paz y satisfacción. Pero ahora algo salvaje dentro de él, algo que creía haber domado, estaba despertando de nuevo.

Su anhelo se convirtió en inquietud. Inmediatamente se dio cuenta del significado de esta agitación en su alma. Era hora de cambiar.

Por primera vez desde que regresó de las montañas, a Daniel le costaba concentrarse. Necesitaba más tiempo entre un visitante y otro para concentrarse.

Por fuera, nada había cambiado. Por dentro, el cambio era sísmico. Sabía lo que ocurriría si lo ignoraba: se impacientaría y su alegría empezaría a evaporarse, su capacidad de servir a los demás disminuiría y, en poco tiempo, la inquietud no resuelta se manifestaría en forma de frustración y resentimiento. Sus palabras y acciones se volverían frías y cortantes.

Daniel sabía que la inquietud era un don. Sabía que era una guía sabia y experimentada. Sabía que su inquietud indicaba una necesidad insatisfecha. No es que se sintiera vacío, ni mucho menos. No era que no estuviera satisfecho. Aun así, sintió que estaba siendo llamado a ocuparse de su propio camino, de su propio crecimiento. Se preguntó cómo se aconsejaría a sí mismo si estuviera sentado en la otra mecedora.

Fuera lo que fuera a lo que le llamaba esta inquietud, lo que fuera que le dijera, dondequiera que lo llevara, sabía que tenía que profundizar en ello. Necesitaba silencio, soledad y quietud.

En ese momento, la otra mecedora crujió suavemente. Cuando Daniel abrió los ojos, no estaba seguro de si el joven llevaba cinco minutos o una hora esperando. Empezaron a conversar y, al cabo de un par de minutos, Daniel sonrió.

—¿Qué te hizo sonreír? —preguntó el joven.

—Creo que tú y yo estamos luchando con la misma pregunta.

El joven no sabía qué decir, y Daniel se dio cuenta de que estaba perplejo, así que continuó.

»Has compartido muchas cosas conmigo —le dijo al joven—, pero ¿cuál es la pregunta que arde en tu corazón?

—¿Cómo puedo discernir si una oportunidad forma parte de mi auténtico camino o es una distracción? —preguntó el joven.

—¿Qué crees que deberías hacer? —replicó Daniel—.

—No lo sé —dijo el joven, negando con la cabeza.

—Claro que lo sabes —lo tranquilizó Daniel.

—¿Qué quieres decir? —dijo el joven, cada vez más frustrado—. Si lo supiera, no habría viajado setecientas millas para buscar tu sabiduría y perspicacia.

—Sabes que la respuesta está dentro de ti.

El joven parecía abatido. Su ceño se frunció y se sentó meneando la cabeza.

—No te desanimes —le dijo Daniel—. No saber qué hacer es incómodo. Pero es un error elegir la comodidad barata de una falsa certeza en lugar de una satisfacción duradera.

—¿Cómo puedo evitar cometer ese error?

—Siéntete cómodo sintiéndote incómodo. No fuerces tu línea de tiempo en la pregunta.

—¿Qué más? —preguntó el joven.

—Dos cosas más —respondió Daniel—. ¿Qué te aconsejaría hacer tu yo de siete años? Piensa en ello mientras conduces a casa

—¿Cuál es la segunda? —preguntó ansioso el joven.

—Dentro de muchos años, cuando estés sentado en tu propia mecedora, viendo el atardecer en las montañas de Asheville, ¿qué pensarás mirando hacia atrás? ¿Qué te aconsejaría hacer tu yo del futuro?

»Está escrito: «Todos tomamos decisiones». Eso es lo fácil. Lo difícil de las elecciones es vivir con ellas. Todos nos arrepentimos. Todos hemos dicho y hecho cosas que haríamos de otra manera si pudiéramos volver atrás en el tiempo. Pero no podemos. Puede que hayamos hecho las paces con esas decisiones hasta cierto punto, pero aun así, en las horas de tranquilidad nos persiguen. Toma decisiones con las que sea fácil vivir. Toma decisiones que puedas recordar con nostalgia, como haces en los mejores momentos con tus mejores amigos. Cuando tengas que tomar una decisión, consulta a tu yo futuro. Imagínate dentro de veinte años, recordando este momento, y respeta lo que tu yo futuro te aconseje.

El joven parecía insatisfecho.

—Creo que esperaba tener una experiencia diferente aquí—le dijo a Daniel con decepción en el corazón.

—Está bien —respondió Daniel—. Hay muchas maneras de ver esta experiencia. Puede que hoy no tenga sentido, pero en algún momento de tu viaje lo tendrá.

—Realmente esperaba que tuvieras la respuesta —insistió el joven.

—Puedes pasarte el resto de tu vida acudiendo a otras personas en busca de respuestas a preguntas que no te pueden dar, o puedes aprender a buscar el consejo de tu propio corazón. Otras personas te llevarán por mal camino, pero tu corazón nunca lo hará. Sigue a tu corazón: él conoce el camino.

No era lo que el joven quería oír, pero Daniel sabía en el fondo de su corazón que le había sido útil.

Al verlo alejarse, Daniel susurró una oración. Era una oración de esperanza y aliento. Sabía que el joven tenía frente a sí posibilidades increíbles y esperaba que su joven corazón tuviera el valor de perseguirlas.

El joven subió a su auto y, mientras se alejaba del pueblo, se preguntó de repente: *¿Cómo sabía Daniel que yo era de Asheville?*.

Daniel se preguntó qué le aconsejaría hacer ahora su propio yo de siete años, qué lo animaría a hacer su yo futuro y cuánto tiempo pasaría antes de que viera con claridad lo que le esperaba.

68. LA NOTA

El sol se ocultaba tras las montañas cuando Daniel entró a su casa aquella tarde. Por primera vez en su vida, sintió su edad. Sabía que no era viejo, pero también sabía que esa sensación era una mensajera.

Sacó la jarra de limonada de la nevera, se sentó en la mesa y empezó a servirse un vaso. La mitad acabó en la mesa. Algo le había llamado la atención en la puerta del refrigerador.

Era una nota.

¿Cómo habrá llegado aquí?, se preguntó Daniel. *¿Cuánto tiempo lleva allí?* Él se habría dado cuenta si hubiera estado allí durante el desayuno.

Se levantó y se acercó con curiosidad al refrigerador. Tomó la nota en sus manos y la miró con incredulidad.

Sofía

928-377-6141

El recuerdo de Sofía inundó su corazón de nostalgia. Solo la había visto una vez, y por poco tiempo, pero albergaba en secreto la esperanza de que sus caminos volvieran a cruzarse.

—Ezra... —susurró muy débilmente, comprendiendo de dónde había salido la nota, mientras salía de aquel entresijo de pensamientos.

Un momento después, estaba en la puerta trasera, poniéndose una gorra de béisbol. Salió por la puerta y se dirigió a través del prado, por el camino, y cruzó el pueblo.

Ezra Abrams estaba sentado en el porche.

Cuando Daniel abrió la puerta principal, Ezra dijo:

—No fui yo —antes de que le preguntara.

Daniel se dirigió hacia el porche y Ezra continuó:

—Será mejor que hables con la señora Abrams. Está adentro.

Daniel se dirigió directamente a la puerta principal.

—Pero, Daniel —intervino Ezra, y algo en su tono hizo que Daniel se detuviera antes de abrir la puerta—. Recuerda, puede que tú seas un profeta, pero ella es una mujer, y la intuición forma parte de su genio femenino.

Daniel sonrió.

—Gracias, viejo amigo.

Leah estaba sentada leyendo en el sofá. Parecía estar esperando a Daniel, como si supiera que iba a venir.

—Tengo una historia que contarte —le dijo cuando él entró—. Ven y siéntate en el sofá.

Se sentó en el sofá frente a Leah. Le explicó cómo había conocido a Sofía en la plaza del pueblo el día que había visitado a Daniel, y que le había pedido su número de teléfono.

—Le dije que te lo daría cuando llegara el momento —terminó.

Daniel se quedó sentado, sin aliento. Su mente saltaba erráticamente entre el pasado y el futuro. Se debatía entre honrar su pasado y adentrarse en su futuro. Luchaba entre su compromiso con una vida de servicio y sus necesidades personales más profundas. La cabeza le daba vueltas, le costaba concentrarse y se preguntaba si así era como se sentían sus visitantes.

Leah sabía lo que estaba pensando Daniel, pero no lo interrumpió.

Con el tiempo, Daniel descubriría que estas realidades aparentemente divergentes no competían entre sí. Aprendería a integrar su pasado, presente y futuro en una visión cohesiva para el resto de su vida. Pero ese descubrimiento no iba a ocurrir esa noche en el sofá de Leah.

Fue en ese momento cuando oyó la voz que le decía: «Sé paciente con todo lo que no está resuelto en tu corazón. Deja que la vida termine de formular la pregunta antes de apresurarte a responder. Es mejor responder que reaccionar. Deja que aumente la tensión. Mantén la tensión todo el tiempo que puedas, y surgirá el camino que tu alma te está llamando a explorar».

Leah se levantó y fue a la cocina.

—¿Cómo sabías que habría un momento adecuado? —le preguntó Daniel unos instantes después.

—Soy una mujer —respondió ella—. Las mujeres vemos eficazmente lo que ustedes, los hombres, tardan años en aceptar.

Daniel sonrió con complicidad y se rio para sus adentros.

Cuando Leah regresó al salón, se sentó en la mesa de centro, justo delante de Daniel. Le tomó las manos, lo miró a los ojos y le dijo:

—Ya es hora, Daniel. Ya es hora.

69. UNA ÉPOCA PARA CADA COSA

La gente seguía acudiendo en masa a ver a Daniel. Cada conversación lo llevaba a examinar su propia vida. Cada vez que compartía sus pensamientos con un visitante, consideraba hasta qué punto estaba viviendo plenamente esa verdad.

En su paseo diario, seguía explorando su inquietud. Estaba siendo desafiado a considerar las posibilidades futuras. Y se dio cuenta de que había cerrado su corazón a la posibilidad de que el amor de una mujer volviera a tocar su vida.

Por primera vez en mucho tiempo, su autenticidad era puesta a prueba. ¿Estaría a la altura del desafío que cada día le planteaba a tanta gente en las mecedoras? ¿Tendría el valor de ir adonde lo llevara su corazón?

La suave voz interior le hablaba ahora con más claridad que nunca. A pesar de sus preguntas, dudas y vacilaciones e inquietud, el mensaje constante de las últimas semanas había sido: «¡Algo maravilloso está a punto de suceder!». Él lo creía. Y cuando se acostó a descansar esa noche, esto fue lo que escuchó:

Hay un tiempo para cada cosa
y una estación para cada actividad bajo el sol.
Hay un tiempo para sembrar y un tiempo para cosechar

un tiempo para nacer y un tiempo para morir

un tiempo para sembrar y un tiempo para arrancar

un tiempo para matar y un tiempo para curar

un tiempo para derrumbar y un tiempo para construir

un tiempo para llorar y un tiempo para reír

un tiempo para estar de duelo y un tiempo para bailar

un tiempo para dispersar y un tiempo para reunir

un tiempo para abrazar y un tiempo para no abrazar

un tiempo para buscar y un tiempo para desistir

un tiempo para guardar y un tiempo para dar

un tiempo para desgarrar y un tiempo para reparar

un tiempo para callar y un tiempo para hablar

un tiempo para amar y un tiempo para odiar

un tiempo para la guerra y un tiempo para la paz.

Daniel se preguntó de qué era tiempo en su vida. Le sonrió al futuro, y el futuro le devolvió la sonrisa.